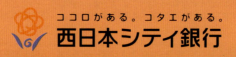

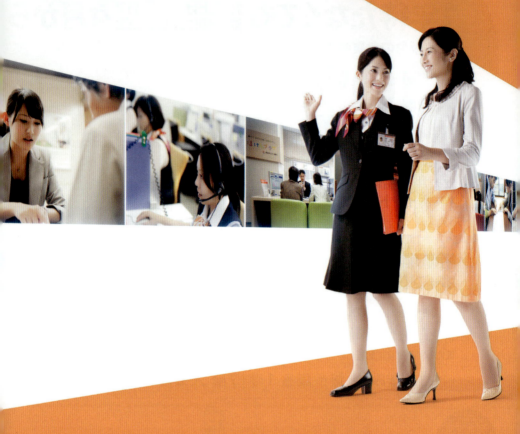

hit 見て はじめよう
ヒット 見て はじめよう。
福岡県内５カ所で展開する“九州最大級”の住宅展示場です。
「これから一戸建てを考えたいな。でも何からはじめたらいいの？」
初めての家づくりは、分からないことばかり。
お客さまのマイホームづくりの希望を形にし、
生涯のパートナーとなる家づくりをお手伝いする
ハウスメーカーと出会う場所、それがヒット住宅展示場です。
マリナ通り住宅展示場

LIFE QUALITY
天神地下街

SEIKO

SoftBank
HAWKS
営業力
技術力
現場力
すぐれた技術で未来を描く、
九電工です。

「フォーラム福岡」休刊にあたって

パブリック・アクセス誌『フォーラム福岡』は今年度で、創刊10年を迎えました。これを一区切りに、本号の特集「福岡を担うU40群像」を特別号とし、休刊することになりました。

福岡／九州はいま、新たなステージに立とうとしています。歴史的に交易都市であった博多・福岡が支店経済都市を経て、人的な交流による地域の活性化を図る考えです。ビジネス交流人口を拡大する具体的手段として、「MICE」を軸に展開しています。MICEは企業や研究・学会活動に関連することが多いことから、新しいビジネスやイノベーションを創出する機会となり、都市の国際競争力を高めるものです。

「グローバルな視点でローカルに動く」とよく言われますが、住民目線から外部の目線に置き換えてみたり、〝異分子〟が入ってくることに対する寛容さが求められます。一方で、海外に進出する企業も増えており、「ローカルな視点でグローバルに動く」ことも重要になっています。

産官学民が協力して生み出した『フォーラム福岡』の事例は、地域政策の主体が行政からコミュニティに重心が移っていく流れの中で先駆的な試みでした。今、インターネットの普及によって、メディアそのものも多様化する中で、新しいメディアの開発も待たれます。

人の魅力に人が集まるような都市を目指して、これからの福岡／九州を担う40歳以下の人材を特集した本号をお送りします。

最後になりますが、この場を借りて、これまで支えて頂きました行政、企業、大学、そして市民のみな様に御礼申し上げます。

『フォーラム福岡』編集委員会

代表　**原　正次**

FORUM FUKUOKA

福岡／九州の未来をデザインする【パブリック・アクセス誌】

フォーラム福岡

2015 March

特別号　目次

まちづくり

52 RE:PUBLIC 共同代表
内田友紀

54 『福岡移住計画』代表
須賀大介

56 株式会社斎藤政雄建築事務所 代表取締役
斉藤昌平

58 まちの縁側プロジェクト 主宰
福井崇郎

60 NPO法人ドネルモ 代表理事
山内　泰

62 カラクリワークス スタッフ
山崎基康

IT・デジタル

64 four｜dee(フォーディ) システムクリエイター
岩瀬聡一郎

66 株式会社からくりもの 代表取締役
岡本　豊

68 株式会社サイバーエージェント アカウントプランナー
木山美波

70 株式会社モアモスト 代表取締役
河野　忍

82 株式会社セフリ 代表取締役
春山慶彦

84 AIP(高度IT人材アカデミー) 事務局長
村上純志

U40とは、アンダー・フォーティーー【under と読み、40歳未満の人を指す。本取材では、1975年1月1日生まれ以降の人物を対象とした。なお、所属団体・機関および肩書きなどは、2015年3月31日時点となっている。

ビジネス

86 ビジップ株式会社 代表執行役社長
尾方里優

88 売れるネット広告社 代表取締役
加藤公一レオ

90 スタートアップ・プランニング 代表
久保山宏

92 トライシンクグリッド モノコンポーザー・デザイナー
小嶋健一

94 株式会社サヌイ織物 代表取締役社長
讃井勝彦

96 Pakira Art Design 代表
三反田潤

98 株式会社中村允紀代表取締役
中村允紀

100 北浜法律事務所 弁護士
平田えり

102 エンカレッジ株式会社 代表取締役社長
古谷繁明

104 エレガントプロモーション 業務執行取締役
矢野裕樹

106 『KYODAI』博多支店オーナー
吉永拓哉

総合・その他

108 公益財団法人九州経済調査協会 調査研究部 研究員
蒲池琴美

110 リノベーションミュージアム冷泉荘 管理人
杉山紘一郎

112 NPO法人アカツキ 代表理事
永田賢介

REPORT

146 超低消費電力技術で事業化を目指し、地元企業の参画を呼びかける！
ソニックス株式会社

福岡を担うU40群像

各分野で活躍する40歳未満の人材を紹介！

あいさつ

09 「フォーラム福岡」休刊にあたって 『フォーラム福岡』編集委員会 代表 原 正次

14 座談会 **ヒトが生み出す福岡の魅力**

◎林田暢明 TAOオーナー 総務省地域資源・事業化支援アドバイザー
◎藤岡 定 anno lab CEO
◎石丸修平 福岡地域戦略推進協議会ディレクター
◎西田明紀 久留米信愛女学院短期大学講師 WorkStyle Cafe主宰

24 人物紹介 **U40インタビュー**

食・農

24 九州旅客鉄道株式会社 農業推進室長 **出田貴宏**
26 株式会社いとあぐり 店長 **公門秋絵**
28 レザンドール 料理長 **手塚卓良**
30 バー・セブンシーズ バーテンダー **徳永あゆみ**

アート・文化

32 アートスペース「FUCA」ディレクター **坂田賢治**
34 ジャズボーカリスト・ソングライター **松浦真寿美**
36 デザイナー・大学講師 **クルッツ・クリスチャン**

サイエンス

38 九州大学高等研究院及び芸術工学研究院 准教授 **妹尾武治**
40 九州大学先端素粒子物理研究センター 准教授 **吉岡瑞樹**

ヒトづくり

42 福岡テンジン大学 学長 **岩永真一**
44 三粒の種合同会社 **木村 航**
46 株式会社ビッグトゥリー 代表取締役 **高柳 希**
48 Logista(ロジスタ) 代表 **長廣百合子**
50 九州産業大学 経営学部 国際経営学科 講師 **真木圭亮**

Special Report

134 アジアとともに成長する福岡 ―「ヒト」の活力を取り込む― 福岡アジア都市研究所 研究員 中村由美
142 コラム：香港人の来福客増加を担うLCC 福岡アジア都市研究所 研究スタッフ 山田美里

パブリック・アクセス誌『フォーラム福岡』 Vo.01~60：2004.09~2015.03

お問い合わせ先&ご注文先

フォーラム福岡事務局

（株式会社プロジェクト福岡内）

TEL092-731-7770 FAX092-731-7772

※詳しくは、144頁～145頁をご参照下さい

フォーラム福岡 購読 検索

フォーラム福岡 Vol.60

特別号

「フォーラム福岡」編集委員会

福岡を担うU40群像

U40座談会

『ヒトが生み出す福岡の魅力』

U40インタビュー

◎食・農
◎アート・文化
◎サイエンス
◎ヒトづくり
◎まちづくり
◎IT・デジタル
◎ビジネス
◎総合・その他

座談会　ヒトが生み出す福岡の魅力

左から）石丸修平さん、藤岡定さん、西田明紀さん、林田暢明さん

これからの福岡／九州を担っていくであろうU40（40歳未満）の次世代人を代表して、日々奮闘する四氏に集まってもらった。そして、活動の現状をはじめ、これからの福岡のあり方、今後の各自の取り組みなどについて語り合った。

◇　◇　◇

「東京～福岡を往来しながら、地域活性化や人づくり、コラム連載・ニュース解説を手掛ける」（林田）

―まず、みなさんの自己紹介も兼ねて、「いま、こんなことをやっている」という話からお願いします。

林田　何をやっているか、自分でも十分把握していません（笑）。10年前から福岡でTAOというカフェバーをやっています。元々飲食業をしたかったのでなく、地域活性化やNPO活動をやるつもりでした。最初、店内にNPOの事務所を置き、来店したお客さんらと色々なことを起こす場所にしようとしました。

開業した2005年に結婚した妻が東京から福岡へ転勤をしてくれました。2011年に妻が東京本社に戻る

■座談会参加者

◎林田暢明
TAOオーナー
総務省地域資源・事業化支援アドバイザー

◎藤岡　定
anno lab CEO

◎石丸修平
福岡地域戦略推進協議会ディレクター

◎西田明紀
久留米信愛女学院短期大学講師
WorkStyle Cafe主宰

司会進行）**神崎公一郎**
フォーラム福岡編集事務局
プロジェクト福岡代表取締役

ので、妻に付いて上京しました。それ以降、東京と福岡を行き来する生活です。

最初、東京では主夫をして、保育園の送り迎えぐらいで暇でした。そこでフェイスブックに「給料はいくらでも良いので仕事を下さい」という広告を載せたら、即日決まりました。東京の財団で地域づくりの仕事をして、その派生で去年から総務省の地域資源・事業化支援アドバイザーとして全国を飛び回っています。

《人づくり》をテーマにしており、TAOで中国古典を読む勉強会を毎月開催しています。また、福島県南相馬市の教育復興基本計画策定委員会の副会長を務めています。隣の双葉郡に4月開校する双葉未来学園高校のアドバイザー兼ディレクターでした。まだ正式発表前ですが、某IT企業による動画を使った通信制高校の創設にも関わっています。

メディア系の仕事も多く、3月から共同通信社のニュースサイトでコラム連載を始めました。4月から福岡の主婦層向け情報番組でニュース解説をやります。

「経済産業省を辞め、産学官民の連携組織で地域や現場の人たちと共に政策を立案する」（石丸）

石丸　私は福岡に戻ってきてもうすぐ2年になります。元々は経産省の役人で、5本くらいの法案づくりといくつかの政策立案を手がけました。

経産省をやめたきっかけは、自らが法律や政策を立案するに当って、現場の感覚との距離や地域によって異なる実情を踏まえた政策を国が一元的に行うことへの難しさを感じていたことです。また、人事制度上、自ら法律や政策を立案した後に、その運用に関わることができないことも残念に感じていました。

その後、コンサルティングファームを経て、地元・福岡に戻ってきました。縁があって、我が国では希有な存在である産学官民の連携組織、福岡地域戦略推進協議会（ＦＤＣ）に参画しました。

現場の人たちと日々意見を交わしながら事業を組み立てており、それを公共政策と連動させてやって行きたいと思います。地域や現場から生まれた新しい価値観を、政策として打ち出していくことで、福岡から国を変えるようなことができないかと考えています。

「大手など4社を経験後、キャリアカウンセラーとして独立」（西田）

西田　わたしは会社勤めを4社経験して、いまフリーランスで仕事をしています。新卒時は社会勉強をしつつ１００社余り受けて、日本ＩＢＭに入社しました。ちょうどＩＢＭがモノづくりから、ソリューション・サービスへの転換期で、組織変革を目の当たりにしました。

そして、転職したリクルートの人材紹介会社で、たまたま福岡配属になって戻ってきました。地場企業の中途採用支援や転職希望者向けのキャリアカウンセリング、特に東京大阪からのＵＩターンに力をいれていました。そうした中、地場企業に興味を持ち、中途採用を始めた九州電力に2期生で入社しました。九電では、ダイバーシティや女性活躍を推進し、経営陣への説明や管理職・女性向けセミナー・ワークショップを企画開催しました。

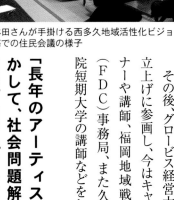

その後、グロービス経営大学院福岡校の立上げに参画し、今はキャリア関連のセミナーや講師、福岡地域戦略推進協議会（ＦＤＣ）事務局、また久留米信愛女学院短期大学の講師などをしています。

林田さんが手掛ける西多久地域活性化ビジョン策定業務での住民会議の様子

「長年のアーティスト活動を活かして、社会問題解決のゲーム開発プロジェクトに参画」（藤岡）

藤岡　大学院生時代からアーティスト活動をしていますが、私は元々自分の内面にばかり目を向けていた人間です。ずっと、自分の興味があることや、自分が楽しいことを追求することに夢中で、社会とのつながりを意識することはなかったですね。

九州大学で学術研究員として働き始めた頃、福岡市がゲーム関連技術を社会問題の解決や教育分野に応用しようというシリアスゲームプロジェクトを始めました。そのプロジェクトに参画して、高齢者向けのリハビリテーション用のゲーム開発を手掛けたことで、初めて社会とのつながりを意識し始めました。プロジェクトに関わって、「もっと社会に向けて、自分が楽しいと思っていることを伝えたい」「みんなで楽しさを共有したい」と思って、現在の活動を始めました。

最近では、子ども向けに、アルファベットのブロックで遊ぶと連動して音楽と映像が変化し、楽しく英語と触れ合えるメディアアート作品など、体感型のコンテンツを制作しています。

林田暢明（はやしだ・のぶあき）
1977年11月4日生、北九州市出身、下関市立大学経済学部卒。2001年日本銀行に入行。2003年松下政経塾に入塾(第24期生)。2005年地域におけるビジネス・プラットフォームのモデル事業を目指して『TAO』を福岡市・清川にオープン。2011年東京にも活動拠点を設けて、2013年総務省地域資源・事業化支援アドバイザーに就任。東京と福岡を往復する生活を送る。

「故郷を無くさないために、あくまでも福岡に軸足を置き続ける」（林田）

—みなさんが、「なぜ、福岡を拠点に活動しているのか」という点について、聞きたいと思います。

藤岡　福岡は、すごく可能性を持っている都市だということです。たぶん、収入や仕事だけを考えると、東京の方が絶対に良いと思います。

福岡は、人が温かく居やすいという、居心地の良い都市です。お金以外の要素で可能性を持っている都市だという気がします。「福岡に行けば、生活ができる」ではなく、「福岡に行けば楽しい」などの可能性を持ちやすいのが、私が福岡に居続ける理由です。

林田　北九州出身なので最初、北九州で作ろうと思いました。しかし、福岡の方が探せば、賃料の安い物件があり、他の大都市圏と比べても安いですね。さらに福岡の飲食店の回転が速く、3年経ったら老舗と言われるほどです。そんな都市は、他にありません。

あくまでも軸足は福岡に置きながら、活動していきますが、サラリーマンの妻には理解できないみたいです（笑）。福岡に軸足を置くのは故郷を無くしたくないという思いからです。福岡の軸足を中心して、もう片方の足をどれだけ広げられるかが僕の活動半径になります。

「福岡を自分達らしい独自のやり方で自立的に暮らしていける地域にしたい」（石丸）

西田　きっかけは会社の配属で偶然、福岡に戻ってきたのですが、東京本社企業の福岡支社と、福岡地場企業の両方を経験できたことがとても貴重だと思っています。

　同じ福岡に住む会社員でも、日常会話の地域の広さや深さ、そして視点は大きく異なりました。今までの日本企業はモノカルチャーでも上手くいっていましたが、最近は多様性・ダイバーシティを推進し「みんなの持つ色々な価値観で会社を強くしていこう」と少しずつ意識され始めていると思います。地場企業の深さに、広さや別の視点が掛け合わさることで、新しい価値観が生まれるのではと思っています。

石丸　福岡の良さは、東京などメガリージョンの価値観とは違っている点だと思います。メガリージョンは世界の巨大都市と勝負しているわけですが、政府機能や本社機能などの意思決定ができるところであり、いかに世界の中で際立たせるかという観点が決定的に重要になってきます。

　一方の福岡は、そもそもそういう環境になく、同じ土俵で勝負しても勝ち目がありません。従って、違ったルールや価値観で独自の道を進んでいくべきだと思いますし、実際にそういう潮流も出てきています。基本的に好き勝手にやっていて、できることをできる量だけやっていくというようなところもありますし、東京などから見ればわからない価値観や生き方、働き方があると思います。

藤岡さんたちanno labが福岡アジア美術トリエンナーレ2014に出展した作品『時空間のしっぽ』

　私は元々「道州制」論者ですが、制度論は別にしても、その本質は地域が自分達らしい独自のやり方で自立的に暮らしていける地域にしたいからです。福岡は東京を見る必要はなく、福岡らしい新しい生き方をできる形にもっていきたいというのが、私が福岡にいる理由です。

「井の中の蛙も頑張っていると、いつのまにか基準を超えてしまうことがある」（藤岡）

藤岡　すごく面白いと思ったのは、福岡は東京と比較しないというか、福岡は他都市を意識せずに、のんびりやっています。ある意味で田舎ですが、東京などを意識しないのは、すごく強いと思います。

　アートの世界でも「井の中の蛙」とよく言われます。しかし、ある基準が存在すると、物事を相対的にしか考えられません。でも、井の中で自分たちだけで頑張っていると、いつのまにか基準を超えてしまう可能性もあります。

藤岡　定（ふじおか・さだむ）
1979年12月18日生、山口県防府市出身、九州大学大学院芸術工学府修了。2012年4月に学術研究員、アニメーション作家、ゲーム開発者、広告代理店勤務の経歴をもつ４人のクリエイターが集まって、クリエイティブ・ラボ『anno lab』（あのラボ）を設立、CEOに就任。面白さや楽しさなどの知的好奇心を出発点に、日常での新たな体験や価値を生み出すデザインを手掛ける。

林田　僕も同意見ですが、職種的な問題もあるような気がします。

　私自身は、福岡が日本の都市の中で最もドメスティックな都市だと思っています。東京の人はアメリカしか見ていないのに対して、福岡の人は東京すらも見ていません。福岡で組織に属する人たちは、自分たちだけで仕事を廻そうとします。特に企業の人は、ドメスティックですね。

　それに対して、座談会に来ている4人は全員フリーランスです。フリーランスの人は、ちゃんと東京も見て、アジアも見ています。たしかに福岡のようにフリーランスが、こんなに多い都市も他にはありません。地価や家賃が安くて、独立しやすいので、フリーランスの人が多いのですが、産業界にいくらアクセスしても、企業側がドメスティックなので結局、相手にされません。

　私が2011年を転機にして仕事が増えたのは、東京へ行って取ってきたモノです。それ以前の福岡での7年間でつくった仕事は結局、TAOだけでした。一方、東京では大手企業の取締役クラスも飲み会に来て、「おまえ面白いから、仕事しよう」と、直接契約してくれます。たしかに福岡でも偉い人と飲む機会はたくさんありましたが、「おまえ面白いから、いつか仕事をしたいね」で止まりでした。

藤岡　色々あっても、福岡はオープンな都市だと思うことは、たくさんあります。福岡は港町であり、商人の町だったからか、外から来るものに関しては、すごくオープンで、おおらかな気がします。

しかし、逆に内側から生まれる変化や文化には、あまり目が向いていない印象です。

「福岡は梅干しのように一見オープンだけど、実はドメスティック」（石丸）

石丸　誰かが「福岡は梅干しみたいだ」と言っていました。梅干しを爪楊枝で刺すと、あるところまでは刺さっても、ある先からは堅くて刺さらないという意味だそうです。

身に覚えがあるのですが、域外の方をある程度受け入れても、コアなところには絶対に入れないし、譲らないといったような感覚でしょうか。グローバルだオープンだと言いながらも、一方でドメスティックな面があるのは悩ましいところです。

FDC都市再生部会の水辺活性化プロジェクトにおける将来像検討のための案出ワークショップ風景

西田　中途採用支援の仕事は、企業にとって異分子を入れることでもあり、何百人もの地場企業の社長や人事部長と会ったのですが、保守的な考えになっている人も多かったですね。

「新しい風を入れてくれるような人材を採用したい」等言われますが、結局は「自分の会社に従順になってくれないと・・・」と暗に言われることも多く、違うタイプの人を取り入れ、その良いところをマネジメントし、イノベーションを起こそうという発想は、まだまだ少ないというのが実感です。

いわゆるダイバーシティ・女性活躍と言われる仕事の場面でも似た感覚を持っています。何か組織において、数的そして権力的にマジョリティ側の人たちは、自分たち以外に対して排他的になる傾向がありますが、本人達はそのつもりがあまりないことが殆どです。その感覚はマイノリティの立場になったことがある人でないと気づきにくいのかもしれませんね。

—今後、変わる可能性はありませんか？

藤岡　いま、イノベーションスタジオ福岡に関わっていますが、たぶん変われるのではないかという気がします。

イノベーションスタジオ福岡には、産学官民の連携組織であるFDCが関わっているという点で期待できると思います。

「福岡に軸足を置きながら、もう片方の足を他に置く人々を増やしたい」（林田）

—みなさんは、これから何をしますか？

林田　今後も生き方自体は、従来と変わらないと思います。福岡と東京の両方に家があって、家族が暮らす東京とビジネス拠点である福岡を行き来するマルチハビテーションです。今後、このようなマルチハビテーションをする人が増えると思います。私が福岡にビジネス拠点を持っていることについて、魅力を感じている東京の人は多いですね。

何をやっていくのかという質問の答えは、こういう生き方、つまり福岡に軸足を置きながら、もう片方の足を他に置く人々を増やしていきたいと思います。

石丸　現在参画しているFDCのように、産学官民、それも地域から海外まで様々なメンバーが関わっている形がとても気に入っています。色々なセクターの人たちと一緒になって、福岡なりの価値観を作り上げて行く、福岡がやりたいことを自分たちでやれるようにしていきたいですね。

究極的には誰かにお伺いを立てるのではなく、自分たちで意思決定できる都市にしたいと思います。それに対して、私は政策という立ち位置から取り組んでいくつもりです。今、自立的に動いている人たちには引き続き動いてもらう一方、そうでない人たちには「こういう楽しいことがある」「こんな面白い仕事がある」ということを伝えていきたいですね。

石丸修平（いしまる・しゅうへい）
1979年10月18日生、福岡県飯塚市出身。経済産業省に入省、プライスウォーターハウスクーパース（PwC）に転じた後、2013年4月に帰福。同年5月に福岡地域戦略推進協議会（FDC）に参画し、2014年4月に現職に就任。その他、アビスパ福岡アドバイザリーボード（経営諮問委員会）委員長、九州大学地域政策デザイナー養成講座エグゼクティブディレクター、福岡女子大学地域連携センター客員研究員などを務める。

「色々な世界や価値観の人たちをつなぐことを今後、自分の役割にしたい」（西田）

西田　私は、自分自身が何か提供するというよりも、色々な世界や価値観を持つ人たちをつなぐことを、今後自分の役割にしたいと思っています。

性別や業種、家族形態や地域性など、世代も価値観も異なる人たちの間で、通訳者のような立ち位置、そしてそこから生まれる未来に向けた新しい価値観に向き合いたいと思います。

例えば家族形態や働き方に対する価値観の多様化により、好まれるワークスタイルが違うので、生きづらく感じている人も多いかと思いますが、その違和感こそが大事だと思っています。その違和感を企業に伝えていくことや、若い人がポジティブな気持ちで生きて行けるような活動も続けて行こうと思っています。

藤岡　私は基本的に自分が楽しんで、そして周りも笑顔になるようなことをしていきたいですね。笑顔の人の周りには、笑顔の人たちが集まって来ます。これを繰り返すことではないかと思います。

西田さんがテンジン大学で授業した「オトナの女子会～私らしい働き方cafe」での風景

山口県出身の私は、ある意味で九州ではマイノリティでしょうが、世の中はマイノリティから変わっていくような気がします。マイノリティの人間がいま、この場にいること自体が今後、変わる可能性を秘めているのでないでしょうか。

福岡のもったいない点は、意外と自分が長所に気づいていない、あるいは長所をアピールできていないことです。いつも福岡の中だけで「よかばい」「よかばい」と言っている感があり、外に向けて発信していないのではないでしょうか。　私は、自分で踊りながら、福岡の魅力や長所をちゃんと伝えていくつもりです。この2～3年は、福岡にとって、勝負の年という気がします。

—どんな勝負ですか？

藤岡　福岡が変われるタイミングは、いまだという気がします。マイノリティ側から何かコトを起こしていくには、いまのタイミングが絶好の機会です。

いま福岡に移り住んで来ている人たち、あるいは福岡に片足の軸を据えて何かをやろうとする人たちがいます。この2～3年のうちに彼らに「やはり福岡だ」と実感できないと、入って来たのが速かった分、出て行くのも速いでしょう。「よかばい」だけではなく、ちゃんと良い都市にしていく必要があります。

「金額スケールが違う東京とは違う価値観やモデルで、福岡は勝負していく」（藤岡）

林田　やはりスターをつくるべきではないでしょうか。例えば、「イノベーションスタジオ福岡は、藤岡を世界的なスターにする」などの意志がないとダメです。

そして、何らかの実績ができたら、次にまた面白いことを仕掛けて、新しいポジションをつくっていくみたいなサイクルが必要だと思います。

藤岡　それは、すごく必要ですね（笑）。

林田　現場では、色々なプレイヤーがおもしろいことをやっていても結局、表舞台に上がるのがお偉方であれば、現場には不毛な雰囲気が漂ってしまいます。現場が汗をかいている若い人たちを前面に押し立てるべきでしょう。

―現状、それが限界ですね。今後、大きく変わっていく中で、福岡の魅力を新たに感じる人が色々集まって来るでしょう。パトロンなり、スポンサーがいると、福岡はさらに良くなりますね。

藤岡　お金のスケールで比べると、どうしても東京には勝てません。福岡には、東京とは違ったモデルがあるような気がします。例えば、片足だけを福岡に突っ込んでみるワークスタイルなど、東京とは違った価値観をベースに勝負していく必要があります。資本というものでなく、もうちょっと違った何かになるのではないかという気がします。

―人の魅力に、人が集まる都市になると、面白いですね。本日は、ありがとうございました。

西田明紀（にしだ・あき）
1980年1月1日生、福岡県久留米市出身、早稲田大学卒。日本IBMにSEとして入社。リクルートエージェントで法人・個人営業を経験後、九州電力でダイバーシティや女性活躍推進に取組む。グロービス経営大学院福岡校の立上げに参画後、現在はキャリアカウンセラー、福岡地域戦略推進協議会事務局、久留米信愛女学院短期大学講師などを務める。

食・農

新規事業の農業で地域の元気づくり、『地方創生』モデルに挑戦

九州旅客鉄道株式会社 総合企画本部 経営企画部 農業推進室長 出田貴宏

いま、何を手掛けているのか？

ニラ、甘夏、サツマイモ、ミニトマト、かんきつ類、ピーマン、鶏卵……。JR九州が新規事業で始めた「農業」では現在、福岡・大分・熊本・宮崎の各県で7品目を生産する。次の農業参入の検討が、私の業務だ。

これまでJR九州の駅ビル・ホテル事業を経験し、新規事業担当として農業に挑戦した。直接担当したのは『うちのたまご』だ。初期の事業調査から提携先との交渉、マーケティング、事業計画を作成し、新設した農業法人に役員として出向、鶏舎建築や従業員の採用、販路構築など事業の立上げに携わった。

現場で働く人生の先輩方の活き活きとした姿を見るにつけ、私達が取り組む農業は、地域雇用を生み出すだけでなく、《地域の元気を作る》モデルになりえると実感している。

なぜ、福岡／九州でやるのか？

地方にとって一次産業は重要な産業であり、里山の田園風景は貴重な観光資源だ。これを地域と一緒に守り発展させることは、鉄道路線の魅力向上につながると信じている。少子高齢社会を迎えた中、私たちが事業を展開する九州を舞台に、農業を通じて地域に元気をもたらしたい。

私が生まれた田主丸の実家は、観光果樹園だった。小学校2年生頃、家業の手伝いで来園者から「美味しい」「いいね」と言われ、子どもながらに嬉しく、原体験だったと思う。

阪神大震災直後の関西で学生時代を過ごしたが、外から見ると九州は魅力的な地域資源を数多く持ちながら、未完のイメージがあった。そうした中で発足以来地域と共生していく精神で事業に取り組むJR九州の姿勢に惹かれてUターン就職し

て、今日に至っている。

福岡／九州の長所・短所とは?

地理的にもアジアに近い九州は、自然や食、温泉、歴史文化などの個性的な地域資源に恵まれており、信念や気概を持った個性的な人たちが多い。その反面、魅力的なものを持っているにも関わらず、表現するのが苦手でPR不足になりがちだ。日本人全体の傾向と言われるが、特に九州人は強いと感じる。

〝外〟との交流で自分たちが気づいていない魅力に気づくことで、新たな強みや価値の発見があると思う。九州はまだその可能性を秘めている。

どんな福岡／九州にしたいか?

農業にとってビジネスの仕組みは有益な面もあるが完全ではない。九州を元気にするという理念のもと、継続的に付加価値を産み出すことのできる事業モデルを地域と一緒に作りたい。そして『地方創生』の成功モデルとして、九州の農業の活性化、ひいては九州経済の発展に貢献したい。

新しい価値創造に挑戦する人材は九州にも多い。日本の将来を背負う人材を九州から輩出していくことで、日本全体がより元気になると思う。私自身もその自覚を持ち、日々精進したい。

上)本人近影、下)養鶏事業の立上げ時に現場で働いていた頃の一コマ

専門分野・得意分野
・新規事業推進や事業再生、経営戦略・事業計画の作成など

実　績
・新規事業担当としてM＆Aやテーマパーク再生支援、農業ビジネスの立上げに携わった

参加団体・コミュニティー・会合
・公益社団法人福岡県高齢者能力活用センター20周年記念事業実行委員会(委員)
・九州大学ビジネススクールアラムナイネットワーク(理事、元副会長)

夢や思い
・九州を楽しく元気に、そして九州から日本を元気にしていきたい

今後の活動テーマ・フィールド
・多くの人と互いに協力し刺激し合って、九州版『地方創生』の実現に貢献したい

主な経歴
1976年1月11日生、福岡県出身。1999年ＪＲ九州入社。事業開発本部でホテル事業の現場を経験。経営企画部で新規事業、グループ戦略担当。2010年九州大学大学院経済学府産業マネジメント専攻(QBS)を修了、MBAを取得。養鶏事業の立上げを経て、2014年7月農業推進室長に就任。

食・農

株式会社いとあぐり　店長　公門《くもん》秋絵

「食」と「農」の大切さを通じて次代の心豊かな暮らしを提案

いま、何を手掛けているのか?

「つなぐ」をコンセプトに厳選野菜の販売、カフェ運営、都会と田舎のネットワークを広げるワークショップを展開する『伊都安蔵里』で店長をしている。

旬を知り、旬の食材を食べ、その生産過程を知る。農作物を通して「食の大切さ」「自然な暮らし方」「健康な生き方」を伝えるのが『伊都安蔵里』の役割だ。

私も実際に畑を手伝い、地元のお母さんたちと旬の食材で料理を作り、お客様と接しながら、失われつつある「あたり前な暮らし」の大切さと魅力を再認識している。

単に産直野菜・加工品の販売や、雰囲気の良い空間の提供にとどまらず、あらゆる人々が心身ともに健康で豊かなライフスタイルをデザインできる時代の創出をお手伝いしたいと思っている。

なぜ、福岡／九州でやるのか?

広報担当として勤務していた会社が、昭和初期に建てられた醤油蔵の補修復元と改修リノベーションを手がけたのがきっかけだ。

モダンな外観に改装し、里山こそ日本の原風景であるとして「安らけき里がちの蔵満ちたる」という意味と、英語で農業を表す「ａｇｒｉｃｕｌｔｕｒｅ」をかけ「安蔵里」と名付けた。

近年、大都市圏から福岡圏内、特に糸島エリアへの移住を希望する人が増え続けている。

『伊都安蔵里』の農作物や加工品の品質の高さ、価格の安さへの評価は高く、自然環境や立地の良さから糸島エリアへの移住をイメージする人は少なくない。

新鮮野菜の通信販売にも、全国各

地から申し込みがある。

一方、地元の人たちは自分たちの暮らす土地のポテンシャルを十分に認識できていない。

そのギャップを埋めつつ、多才な人材が集まり、豊かな暮らしが営まれている糸島エリアが「バランスのとれた田舎」であることを示すために『伊都安蔵里』が担う役割は大きいと考えている。

これから何に取り組むか?

畑作りや食材加工を手伝いながら感じるのは「伝承」の大切さ。

特に、地元のお母さん方から教わる行事食や郷土料理、昔ながらの食材加工のノウハウなど、かつては「あたり前」であった生活の知恵を次代につなげるのが、私たち世代の役割だ。

ワークショップをきっかけに、食材の品質が健康な暮らしを送る上でいかに大切か、気づく人は多い。また自分が作った野菜から想像を越えたおいしい料理が生まれる感動で、野菜作りに一層の工夫と手間をかけるようになったと語る作り手も増えている。

そうした人と人、声と声が交じりあい、新たな価値を生み出す拠点である『伊都安蔵里』を都市と田舎をつなぐ拠点として深化させることが、私の仕事だ。

上/本人近影、下/農作物の作り手とともに、マルシェ(市場)に立つ

専門分野・得意分野
・「食」「農」「モノ作り」をベースとした新しいライフスタイルの提案
実　績
・10数年にわたる広報企画・プロモーションの経験を生かし『伊都安蔵里』のＰＲと商品企画、店舗運営に携わってきた
参加団体・コミュニティー・会合
・グリーンバード福岡
夢や思い
・食と暮らしの文化を次代に伝承したい
今後の活動テーマ・フィールド
・地元の人たちがもっと故郷の魅力を認識し、広く多方面に発信できる、価値の確立とネットワークの構築
主な経歴
1975年11月、長崎市生まれ。地元短大を卒業後、設備会社で事務および技術アシスタントを経験。その後、不動産・建築業界において一貫して広報業務に従事。２年前から専任している『伊都安蔵里』でこれまでに培った知識とノウハウを生かした運営を進める。
現在付き合いがあり、一緒に活動している人物もしくは今後活動したい相手
・イェンス・イェンセン（デンマーク出身　日本コロニへーヴ協会・代表理事）

食・農

レザンドール 料理長 手塚卓良

全国からお客さまが足を運ぶ 食文化の都・福岡の醸成

いま、何を手掛けているのか？

西中洲のフレンチレストラン『レザンドール』で、料理人として素材に寄り添い、その素晴らしさを引き出すことに挑戦し続けている。寝ても覚めても料理のことを考えている。

コンマ1秒、コンマ1ミリ先という未知の領域に向かって、日々トレーニングを続けるアスリートに共感する。それは私が、お客さまの期待に応えるだけではなく、期待を超えたところにある〝感動〟を追求することに共通するからだ。料理人になって20年が経つが、これで良いと満足することがない。あるシェフの「料理は作り手の性格を表わす。だから料理人は人間として成長し続けねばならない」という言葉が、脳裏から離れない。

なぜ、福岡／九州でやるのか？

少年時代に見たテレビの人気料理番組で料理人に憧れた。専門学校卒業後、東京で9年間、フランスで4年間修業した。働いた2軒のレストランは南仏の田舎にあった。いずれもフランス全土からわざわざお客さまが足を運ぶ、ミシュラン星付きの店だった。新鮮な食材が身近で手に入る地方の良さと、地方であることがお客さまの支持を得る上で一切言い訳にならないことを体感した。

新天地を東京ではなく福岡にした理由は、フランスで出会った妻の郷里ということもあるが、全国からお客さまが集まる店を地方都市で作りたいからだ。東京は世界各国の食材が集まる街だが、地元の食材は少ない。しかし福岡・九州には素晴らしい食材が身近にある。福岡に来て、生産者との距離も近くなった。彼らの思いに触れるうちに、料理人は生産者とお客さまをつなぐ存在であることに気づいた。うちで使う野菜の出荷時に毎回「頑張って来いよ」と声をかけると聴いた。自分が応えるべき期待は、お客さまと生産者の双方なのだと、心に期した。

東京で骨格を作り、フランスで肉付けした料理人としての土台。そこから生まれる表現の舞台が福岡なのだ。

これから何をやっていくのか?

まずはこの店を、全国からお客さまが足を運んで下さる店にする。またラーメン、もつ鍋、水炊きといったメニューを目指して福岡へ来られるお客さまは多い。しかし店や料理人を目指してお客さまが足を運ばれるような、奥深い食文化を福岡に醸成させたい。飲食激戦区の福岡だからこそ、料理人が切磋琢磨し、自らの進化に挑戦できるはずだ。

私は料理人ほど恵まれた仕事はないと感じる。人様に食事を提供し、喜んでいただける。そこには〝愛〟が通う。その喜びで自尊心が満たされ、報酬にもつながる。心豊かに精進できる仕事だ。料理人という夢のあるクリエイティブな仕事の魅力を、若い世代に引き継ぎたい。一緒に働くスタッフの育成はもちろん、今はまだ具体的な機会はないが、私が進化し続けることで、広く若者に語りかける場を持つことができればと思っている。

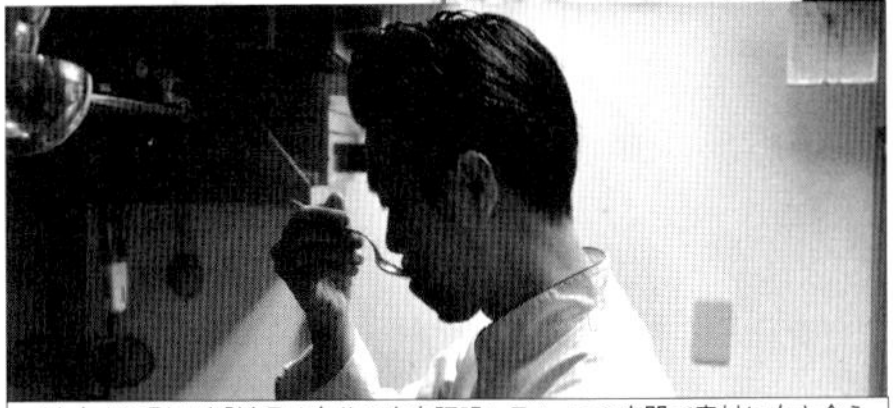

上)本人近影、下)「料理は自分の存在証明」。日々、この空間で素材に向き合う

専門分野・得意分野

・野菜と魚を多用した、食感と風味が特徴的なフランス料理

夢や思い

・思いを皿に盛る

・感動の追求

今後の活動テーマ・フィールド

・生産者とお客さまの橋渡しとして料理を追求し、食材のブランド化をサポートする

・料理人という素晴らしい仕事の魅力と意義を広く伝える機会を増やす

主な経歴

1975年6月生　栃木県宇都宮市出身。高校卒業後、エコール辻・東京でフレンチの基礎技術を学び、表参道「ル ポアロー」、西麻布「ル ブルギニオン」にて修業後、渡仏。南フランス・モンペリエ「ジャルダン デ サンス」(当時三つ星)、南フランス・ニーム「アレクサンドル」(二つ星)で4年間経験を積む。2008年に帰国後、福岡を新天地とし、2011年よりレザンドール料理長を務める。

現在付き合いがあり、一緒に活動している人物もしくは今後活動したい相手

・石井秀樹(レザンドール　オーナーソムリエ)

・中村明宏(中村福菜園　園主)、他多数

食・農

世界の舞台で得た経験を バー文化の発展に生かす

バー・セブンシーズ バーテンダー 徳永あゆみ

いま、何を手掛けているのか?

バーテンダーになって12年目を迎える。この世界に入ってまもない頃、ポスターを見てコンテストの舞台に憧れた。バーテンダーの知識と技術をコツコツと身に付ける一方で、自己満足することなく、他者評価を通じて自分の課題を明らかにする目的から、さまざまなコンテストに挑戦してきた。それは目標を追うことで、バーテンダーとしての素養を集中的に自分に刻み込む期間でもあった。

２０１３年、２０１４年と大きな舞台でタイトルを頂くことができ、バーテンダーとして次のステージへの踊り場にいる「今」だと感じる。ある意味では、私のバーテンダー人生が本当の意味で始まった気がしている。

コンテストへの参加を通じて学んだことは数多い。何より自分の思い以上に、飲む方の思いを感じ取ることができなければ、真のバーテンダーとして通用しない。仕事への自分の考え方や取り組み方を自問自答しながら、常に進化し続けるきっかけとなった。

なぜ、福岡／九州でやるのか?

専門学校を出て進んだ仕事に、自分のキャリアは見出せなかった。新しい人生を見つけようと上京したものの、そこは自分が暮らす街ではないと感じた。帰福して働き始めた飲食の世界で、バーテンダーという仕事を知った。その凛とした姿、美しい所作、プロフェッショナルな世界観に強く惹かれ、この道で生きることを決めた。

情報や流通など、福岡と東京に大した違いは感じない。福岡は街がコンパクトで人と人との心理的距離が近い。だから同世代のバーテンダー同士で切磋琢磨できる機会が多い。大きすぎる東京よりむしろ福岡の方が刺激を受けやすく、互いに影響し合うチャンスも多い。一方で自分を含め、外国人客への対応は未成熟だ。アジアに近く、開かれた街と称される割には、語学力や店づくり、サービススキルといった点に課題がある。

これから何をやっていくのか?

バーカウンターを挟んでどれだけお客さまの心に添うサービスを自然に提供できるかが、バーテンダーの原点だ。そのために技術を磨き続け、知識についてもお酒の作り手の思いを十分に咀嚼し、自分の言葉で物語を伝えられるよう深く思索したい。

またバー業界への認知度や関心が高まるよう、バーテンダーを目指す後輩に技術や知識、バーテンダーとしての思いについて語る機会を増やしたい。

そしてコンテストへの挑戦も積極的にサポートする。日本人の美しい所作と高度なバーテンディングには共通項を感じる。以前に比べ、日本人や女性のバーテンダーが世界の舞台で実績を残す機会が格段に増えている。その背景に、本人の努力はもちろん、日本人らしい立ち居振る舞いも関係しているのではないか。日常生活でも美しい動作を心がけることで、バーテンダーとして、女性として、人間としての魅力を深めていきたい。

上)本人近影、下)シェイカーを振り出す一瞬、張りつめた空気が静止する

専門分野・得意分野
・心豊かなバー文化の醸成
実　績
・PBO全国カクテルコンペティション(MVB)
・台北ゴールデンカップインターナショナルカクテルコンペティション日本代表(優勝)
・ボンベイサファイアカクテルコンペティション
日本大会／優勝、
世界大会／ファイナリスト(参加14カ国の内５名)
参加団体・コミュニティー・会合
・PBO(プロフェッショナル バーテンダーズオーガナイゼーション)
・NBA(日本バーテンダーズアソシエーション)
夢や思い
・日本の新しいバー文化を福岡から発信する
今後の活動テーマ・フィールド
・福岡／九州のバー文化を創造する
・次代の優秀なバーテンダーを育成する
主な経歴
1978年２月生　鹿児島県霧島市出身。24歳でバーテンダーの世界へ。
現在付き合いがあり、一緒に活動している人物もしくは今後活動したい相手
・長友修一(Bar Oscar)
・新井洋史(栃木県足利市／BAR猫又屋)
・茂内真利子(青森市／The Bar Rose Garden)

アート・文化

地域の担い手たちを呼び込む 魅力ある福岡に

アートスペース「ＦＵＣＡ」ディレクター　坂田賢治

いま、何を手掛けているのか?

　私が管理人を務めている「ＦＵＣＡ」（Ｆｕｋｕｏｋａ Ｕｒｂａｎ Ｃｏｍｍｕｎｉｔｙ ｏｆ Ａｒｔ）は、不動産プロデュース事業を行う株式会社ＤＭＸなどが運営するアートコミュニティだ。

　もともと倉庫として使われていた物件だったが、薬院から徒歩10分という好立地だ。空間としても面白い。弊社代表がシリコンバレーでインキュベーションスペースの調査を行っていたこと、訪れたポートランドが持つクリエイティビティに刺激を受けたこともあって、２０１２年から5年間限定のアートスペースとして開設することになった。1年間限定で毎年4組のアーティストが入居し、様々な創作活動を行っている。

なぜ、福岡／九州でやるのか?

　私は福岡出身だが高校卒業後は京都の大学に進み、さらに大学院は大阪で過ごした。大学では意匠設計を、大学院では創造都市や都市政策を学んだ。卒業後、ポテンシャルがあると言われ続けている福岡で学んできたことを役に立てることができないかと考え、地元に戻った。

　福岡は暮らしやすい街だが、クリエイティブな刺激、好奇心を満たしてくれる場が少ないように思う。環境が満たされすぎると、新しいものを生みだす意欲や感度が鈍くなるのかもしれない。

　例えば、京都には独自の文化があるが、福岡には「らしさ」がいまひとつ感じられない。確かに街はキレイだが意外性や面白味には欠け、昼から酒が飲めるような「いかがわしさ」に満ちた界隈がない。そうした混沌としたところから、新しいものが生まれるものだと思う。

どんな福岡／九州にしたいか？

進学や就職で東京に出ていった若者たちが地元に戻るきっかけがなく、流出だけ進むのが地方都市の実情であり課題だろう。

私も携わっている「福岡移住計画」は、そうした課題を解決しようという取り組みの一つだ。地域の担い手になる人材を招き、彼らの活動を支え、人と人をつなげる。地方都市が活性化するためには、そうした動きが不可欠だと思う。

福岡にもゲーム制作会社のレベルファイブや映像プロダクションのＫＯＯＫＩなど全国的な知名度のあるクリエイティブ系の企業がある。こうした突き抜けた企業や人が増え、「福岡でもやれる」「福岡に行くと面白い、新しい価値観に出会える」と思われる街になるような活動をしていきたい。

ＦＵＣＡのコンセプトは当初、「福岡から世界で活躍するクリエイティブ人材の輩出」だったが、活動を続けるうち、東京と同じような方法では、難しいことも分かった。ただ、福岡ならではの発信の仕方があるはずだ。東京にはない「ゆとり」から生まれるクリエイティブがあってもいい。福岡らしさとは何なのか。改めて考える時期だと思う。

上）本人近影、下）2012年に「FUCA」のオープニングに際して行われたトークイベント

専門分野・得意分野
・創造都市、都市政策

実　績
・福岡移住計画
・ちくご移住計画

参加団体・コミュニティー・会合
・福岡移住計画
・イノベーションスタジオ福岡（福岡地域戦略推進協議会運営）

夢や思い
・世界各地で集まるバックパッカーが「福岡という街が面白いらしい」と話題になるような街にしたい

今後の活動テーマ・フィールド
・福岡に戻って、あるいは移住して地域の担い手となり、クリエイティビティを発揮できる人材が活躍できる環境を作りたい

主な経歴
1984年4月27日生、福岡市出身。京都精華大学で建築の意匠設計、大阪市立大学で創造都市論を学ぶ。27歳で就職を機に福岡にUターン。株式会社DMXが運営する不動産サイト「福岡R不動産」で勤務の傍ら、アートスペース「FUCA」ディレクターを務める。福岡R不動産にて福岡県内14の自治体と移住者向けのトライアルステイプログラムの運営を担当。

アート・文化

ジャズボーカリスト・ソングライター　松浦真寿美

真のミュージックシティとして『福岡のジャズ』が根づく街へ

いま、何を手掛けているのか？

月曜日と金曜日の夜は福岡市・西中洲のピアノバー『ステラ』、木曜日の夜は久留米の『月のふくろう』で弾き語りをしている。

その他の曜日は、さまざまな楽器とのセッションや結成30年の社会人ビッグバンドのボーカル、ライブやイベントでの演奏活動など音楽三昧の毎日を送っている。

スタンダードナンバー以外にも日本の古い歌など幅広いジャンルの楽曲を取り入れている。一方で、自分で書いたオリジナル曲も含めたCDを3枚リリースした。

大学在学中、学内のビッグバンドで歌い始めたのがきっかけだ。それまで人前で歌ったことさえなかったのに、夢中になった。

卒業後、大阪でインテリアデザインの会社に就職したが、根っこが定まらない不安を感じて、数年後に帰郷した。「一番好きな〝歌〟で生きていこう」と決意した。

なぜ、福岡／九州でやるのか？

ジャズを学びに留学を考え、何度も足を運んだ。しかし実行するほど心が動かなかった。

既に本場のジャズを学んで東京や大阪で活躍しながら、福岡に拠点を移したミュージシャンは少なくない。150万人の市民、500万人の県民。昔からの芸どころ。むしろ、数多くのミュージシャンを輩出した福岡の土壌で学び、力をつけることに魅力を感じた。

「あきやすのすきやす」という言葉があるように、私も含めて福岡人は新しいものを歓迎する。

しかし既視感も高く、同じレベルのパフォーマンスではすぐに飽きられる。だからこそ常に挑戦し、進化し続ける必要がある。
慢心も油断もできない、心地よい緊張感。この気質は表現を生業にする人間にとって、とてもありがたい風土だと思う。

これから何に取り組むか?

『ミュージックシティ天神』など、音楽産業や音楽文化のムーブメントを起こそうとする仕掛けはいくつもあるが、福岡のポテンシャルがもっと引き出され、音楽を楽しむために福岡に人が集まってくるような街にしたい。

さまざまなスタイルのミュージシャンが融合し、『福岡のジャズ』と呼べる音楽が根づいている街。「音楽で身を立てよう」という若者が東京や神戸ではなく、福岡を目指して集まる街に。

だから私は「あなたの歌を聞きに福岡へ来た」と言われるミュージシャンを目指す。『地方のミュージシャン』ではなく『福岡で暮らす、マスミ・マツウラ』でありたい。

一年前から始めた弾き語りで「歌が変わった、良くなった」と嬉しい感想を耳にする機会が増えた。今は弾き語りのスタイルを深め、表現者としての幅と奥行を広げたいと考えている。

上／本人近影、下／気心の知れた仲間との、心地よいセッション

専門分野・得意分野
・ジャズを中心とする音楽全般
実　績
・韓国プサン公演
・「ライジング福岡」の試合で国家独唱
・福岡アジア太平洋フェスティバルに出演
・ＣＤアルバム（３枚）発表
参加団体・コミュニティー・会合
・Swing Street Jazz Orchestra
夢や思い
・九州交響楽団をバックに、アクロスシンフォニーホールで歌うこと
今後の活動テーマ・フィールド
・『福岡のジャズ』が醸成されていくような積極的な音楽活動に取り組む
主な経歴
1976年７月生、福岡市＆粕屋町出身。幼少より音楽に親しむ。大阪大学進学を機に歌い始める。2005年福岡にてSwing Street Jazz Orchestraに加入。2010年よりオリジナル曲も作り始める。2014年よりピアノの弾き語りでの活動を始める。
現在付き合いがあり、一緒に活動している人物もしくは今後活動したい相手
・石川雄一（ギタリスト）
・アックス小野（ベーシスト）

アート・文化

デザイナー・大学講師　クルッツ・クリスチャン

「デザイン」の概念を九州から変えていく

いま、何を手掛けているのか?

私がテーマとする「デザイン」は、建築やWEB、グラフィック、ファッションといったカタチやシステム、分野でカテゴライズされる一般的なデザインではない。もっと根本的な考え方や理論であり、心理学や社会学の面からアプローチするものだ。私は、物事の不安定な状況を解決するプロセスが「デザイン」であり、その結果として人々の行動が良い方向に変わると考える。逆に言えば、人々の行動が変わらず、単にカタチとして作られているだけなら、「デザイン」とは言えない。「デザイン」は物理的ではなく、あくまでも心理的・社会的なものなのだ。

「デザイン」の位置づけが曖昧な状況下では、デザイナーも本来の仕事ができない。クライアントの意向に流され、イニシアチブを失った状況下で仕事をするデザイナーがあまりにも多すぎる。人々の暮らしや人生が良くなるデザインが生まれにくいのは、こうした点に原因があるのではないかと感じる。デザイナーは社会的責任のある仕事だ。だからこそ今一度「デザイン」の本来の役割を見つめなおして欲しいと思っている。

なぜ、福岡／九州でやるのか?

チリでデザインを学んだが、私は満足できなかった。もっと根本的な「デザイン」を探求するには、国外で学ぶ必要があった。アメリカで暮らした経験はあり、ヨーロッパには興味がなく、アジアに行こうと思った。日本・韓国・中国の大使館に相談したところ、奨学金とともに道を開いてくれたのが日本、それも九州だった。

福岡の利便性は「ミニ東京」と言えるほどで、何でもそろっている。アニメやフィギュアが趣味なので年に数回は東京・秋葉原に遊びに行くが、暮らすのはやはり福岡が良い。大都市と田舎の要素がバランスよく揃っているし、交通の便利も良い。私は福岡に変わって欲しくはない。今のままで十分。良い点も悪い点も含め、それが福岡の個性だと思っている。

これから何をやっていくのか?

「美術の兄弟、建築のいとこ」といった曖昧なイメージの「デザイン」だが、本来はもっとシンプルで本質的なものだということを理解して欲しい。デザイナーは「誰のため、何のためのデザインか」というキーワードで、手より頭を働かせて欲しい。日本における「デザイン」のイメージを広げたいと思っている。

今春から山口大学の教壇に立つ。学生たちには本来の「デザイン」を考察すると同時に、積極的なフィールドワークに取り組んでもらおうと考えている。

個人的には、子ども達に「デザイン」を学んでもらう機会を作りたい。大人は既成概念に縛られている。子どもの頃から「デザイン」の価値やコンセプトを正しく知ることが大切だ。真の意味で「デザイン」への理解が進めば、日本人の暮らしはもっと素敵なものに変わるはずだ。私はそこに力を尽くしたい。

上)本人近影、下)学生たちと熱い議論を交わす

専門分野・得意分野
・デザイン学
夢や思い
・「真のデザイン」を広げる
今後の活動テーマ・フィールド
・カタチや分野にとらわれない、デザインの本質を追求し、理解を広げること
・子供たちが本来の「デザイン」を学ぶ機会を作ること
主な経歴
1975年７月生、チリ・サンチャゴ出身。1999年12月チリ大学建築学部デザイン学科卒業、2006年３月九州大学大学院修士課程(芸術工学専攻)修了、2009年３月九州大学大学院博士後期課程(芸術工学専攻)修了。2010年4月崇城大学非常勤講師に就任、2015年4月山口大学講師に就任。

サイエンス

〝心理学の伝道師〟として、本物の心理学の醍醐味を伝えていく

九州大学高等研究院及び芸術工学研究院　准教授　妹尾武治

いま、何を手掛けているのか？

私は心理学者である。もう少し説明すると、学位をもつプロの心理学者だ。プロになるための教育を受けた知覚心理学者として、主に『視覚誘導性自己移動感覚（ベクション）』の研究を10年以上にわたって続けている。

ベクションとは、例えば自分が乗っている電車が止まっているにも関わらず、対面の電車が動き出すと、あたかも自分の電車が動いているように錯覚する現象のことだ。このような知覚の作用について、心理実験に加えて、脳の働きにも着目して研究を重ねている。

ベクションの作用が明らかになれば、よりリアルな３Ｄ映像をつくることができる。日本が世界に誇るバーチャル技術の開発においては、脳の活動状態なども調べながら、客観的な効果の確認・評価を心理学が担う。

心理学は本来、行動科学である。実験と行動によって真理を科学的に明らかにする学問が、心理学だ。

なぜ、福岡／九州でやるのか？

「日本一の知覚研究者であり、世界でも有数の心理学者」と、私が尊敬する伊藤裕之先生が九州大学大学院の先生（現教授）だったので、修業のために福岡へやって来た。当初、ポストドクターとしての赴任だったが、その後、准教授になって、研究を続けている。

福岡は何でも揃っており、完成度は高くて住みやすい。自然豊かで、人が良く、まちの規模も最適で、子育てがしやすく、東京まで1時間半で行ける。30代・40代にとっては、これ以上に魅力的な都市はないのではないだろうか。

その一方で、「博多でのんびりと暮らす」という人が多く、かつて坂本龍

馬らが抱いた「日本を良くしていこう」というような志や気概があっても良いのではないかと思う。

これから何をやっていくのか?

以前から東京一極集中と叫ばれるが、科学の世界においても東大偏重だ。そうした中、私たちが研究する知覚心理学の分野では、東大偏重をひっくり返す『ラスベガス計画』を仕掛けている。何もなかった土地にカジノの都・ラスベガスが誕生したように、九州大学を〝知覚心理学のラスベガス〟にしていくのが狙いだ。このプロジェクトは期待以上に成功して、「九州はすごい」と国内外の研究者に注目され、続々と人材を呼び込んでいる。

その一方で世間的に「心理学はノウハウやスキル偏重で、うさんくさい」というイメージがあるのも事実だ。科学としての心理学の面白さが伝わっていないのは残念で仕方ない。

今後、〝心理学の伝道師〟として、心理学の醍醐味を伝えていきたいと思う。その思いで昨年10月に『脳がシビれる心理学』(実業之日本社刊)を出版して、年内に第二弾を出す予定だ。「心理学の正しいイメージを福岡から広げていく」というテーマで地道に取り組むことで、〝本物の心理学〟を啓蒙・普及させていきたい。

上)本人近影、下)著書『脳がシビれる心理学』を手にする妹尾准教授

専門分野・得意分野
・知覚心理学:視覚誘導性自己移動感覚(ベクション)
夢や思い
・本物の心理学の面白さを伝えていきたい
今後の活動テーマ・フィールド
・視覚誘導性自己移動感覚(ベクション)の研究
主な経歴
1979年生、東京都出身、東京大学大学院人文社会系研究科修了、心理学博士。専門は知覚心理学。オーストラリア・ウーロンゴン大学客員研究員も務める。著書に『脳がシビれる心理学』(実業之日本社刊)がある。筋金入りのプロレスマニアでもある。
現在付き合いがあり、一緒に活動している人物もしくは今後活動したい相手
・伊藤裕之(九州大学大学院芸術工学研究院教授)

サイエンス

九州大学先端素粒子物理研究センター 准教授 吉岡瑞樹

巨大加速器での物理実験を手掛けながら、サイエンスカフェで科学の〝芽〟を育む

いま、何を手掛けているのか?

巨大な加速器を用いた素粒子の物理実験に取り組んでいる。私が研究している素粒子とは、「内部構造を持たない粒子」のことだ。

例えば、物質を構成する原子は、原子核と電子で構成され、原子核は陽子と中性子から成る。そして、陽子と中性子は、さらにクォークと呼ばれる素粒子で構成されている。現在、素粒子は17種あるとされる。

２０１２年に話題になった、質量を与える〝神の粒子〟ヒッグス粒子も素粒子の一つだ。ヒッグス粒子の発見で物理学の『標準理論』は完成した。

しかし、宇宙には、標準理論で説明できない未知の暗黒物質や暗黒エネルギーが大部分を占めており、新たな物理学があるはずだ。

このため、新たな物理学を実験的に発見、検証していくことを目指している。そして、新たな物理学によって、宇宙誕生の謎に迫りたいと思う。

なぜ、福岡／九州でやるのか?

九州大学は素粒子の理論的な研究は歴史的に有名な半面、実験素粒子物理学の研究室発足は遅く、２０１１年４月に誕生した。そのタイミングで九州大学に赴任した。

物理学者は実験・研究のためなら、南極やチベットなどにも出掛ける〝人種〟だ。世界的にみて、物理学の実験研究施設は郊外にあることが多い。この点、都市機能や交通アクセスが充実した福岡で研究できるのは物理学者として、大変恵まれている。

今後、取り組んでいくのは何か?

素粒子実験では、巨大な加速器で加速された高エネルギー粒子の衝突反応を測定器で観測する。その加速器や測定器で用いられる最新技術は、世界中の研究者や技術者が共同で

研究・開発をしている。これらの一部技術は医療機器や電子機器などにも応用され、身近なものもある。

　現在、開発を進めている次世代の巨大な直線加速器が『国際リニアコライダー』（ＩＬＣ）だ。近年、注目されるＩＬＣが日本に誕生したら、世界中から研究者や技術者らがやって来る。そして、ヒッグス粒子級の世界的な発見が、日本発で可能となる。ＩＬＣの実現に向けた研究・開発にも積極的に取り組んでいきたい。

　実験素粒子物理学を研究する一方で、市民向けにサイエンスカフェという科学の勉強会を毎月開催している。当初、ＩＬＣ誘致のための周知活動だったが、参加者からの関心や反応が大きく、現在は科学全般を対象に多彩な分野を取り上げている。

　子どもからお年寄りまで幅広い人々が参加するサイエンスカフェでは、伝えることの難しさを実感しながらも、参加者が科学の面白さや楽しさを知って喜ぶ姿を見ると、格別の充実感があり、やりがいを感じている。

　今後も地道な努力を積み重ねていくことで福岡、九州の地において、科学への興味や関心の〝芽〟が根付き、将来、〝大輪の花〟を開かすことができれば、これほど嬉しいことはない。

上）本人近影、下）市民向けに開催しているサイエンスカフェの一コマ

専門分野・得意分野
・実験素粒子物理学
実　績
・ILC測定器最適化グループアジア領域代表
・『国際リニアコライダー基礎読本』監修
参加団体・コミュニティー・会合
・日本物理学会
・高エネルギー物理学研究者会議
夢や思い
・宇宙誕生の謎に迫りたい
今後の活動テーマ・フィールド
・低エネルギー中性子を用いた基礎物理実験
・国際リニアコライダー（ILC）の実現に向けた研究・開発
・サイエンスカフェのさらなる充実
主な経歴
1975年11月27日生、横浜市出身、東京大学大学院修了（理学博士）。東京大学素粒子物理国際研究センター、高エネルギー加速器研究機構の研究員を経て、2011年4月九州大学大学院理学研究院に助教として赴任。2013年4月現職に就任。

ヒトづくり

『街』全体をキャンパスにして、〝まちによるヒトづくり〟に取り組む

福岡テンジン大学 学長　岩永真一

いま、何を手掛けているのか?

街がキャンパス。街の誰もが、生徒になることができ、先生にもなれる――。学校教育法にもとづく正規の大学ではない、もっと自由で広がりのある『福岡テンジン大学』を立ち上げて、今年で6年目を迎える。

福岡テンジン大学は、インターネットによる申し込みで簡単に〝入学〟することができ、入学金や授業料は無料（原則）だ。これまでの登録者は、約５０００人を超えた。年齢的にも14歳〜76歳と、三世代におよぶ幅広い人たちが集う。

福岡の街に埋もれている歴史、一般的に知られていない名人、違う角度から見たらおもしろい情報……。毎月3コマの授業では、地元で活躍する専門家や達人・名人ら多彩な面々が、〝街の先生〟として登場する。街のすべてをテーマとする授業では、体験型学習（ワークショップ）も取り入れている。これまでの授業は２５０回を超え、多様な生徒たちが集まった。

福岡テンジン大学の学長としての活動以外にも九州大学非常勤講師や小・中学校での講師、男女共同参画やまちづくり・地域づくりの講師、ファシリテーターなども務めている。

また、集客戦略をはじめ、研修や講座などのプログラムづくり、プロジェクトや地域活動の企画・設計なども手掛けている。

２０１３年4月から北九州市立大学のまなびとESDステーション特任教員として、大学生を対象にしたプロジェクトラーニング型授業や体験学習なども担当している。

なぜ、福岡／九州でやるのか?

福岡市で生まれて育って以来、これまで福岡市を離れて生活をしたことがない。

たしかに学生時代は、東京にあこがれを抱いた時期もあった。しかし、福岡市・天神で清掃に取り組むNPO法人グリーンバードの活動に参加して、自分が暮らすまちを意識するようになった。そして、まちづくりに関心を持つようになるにつれて、まちへの愛着が高まっていったのは事実だ。

ゴミ拾いを始めて、まちづくりに取り組み、その延長線上で立ち上がったのが福岡テンジン大学といえる。そして、現在では、正規の大学教員も務めている。

これから何をやっていくのか?

現状、福岡の都心である天神においては、商品・サービスなどの消費活動しか行われていないように思える。

消費だけでなく、生産活動として、新たな付加価値や斬新なアイデアなどを産み出していく人材が必要ではないだろうか。今後、まちに愛着を持ちながら、まちづくりの新たなアクションを起こしていくような若者たちを発掘していきたいと考える。

そして、まち全体を学びの場としていくことによって、人と人が学び合いながら、つながっていく、〝まちによるヒトづくり〟をさらに実践していきたいと思う。

上)本人近影、下野外活動として実施したまち歩きでの集合写真

専門分野・得意分野
・人材育成
・地域活性化

実　績
・福岡市共働事業提案制度採択(『福岡テンジン大学』)
・福岡市総合計画審議会委員(2012年)

参加団体・コミュニティー・会合
・NPO法人グリーンバード
・We Love天神協議会

夢や思い
・福岡城のブランディングに挑戦

今後の活動テーマ・フィールド
・まちづくりの新たなアクションを起こしていくような若者たちを積極的に発掘

主な経歴
1981年12月30日生、福岡市出身、福岡大学卒。広告業界での営業・企画を経て、2009年に独立。福岡市共働事業提案制度に『福岡テンジン大学』を提案して、2010年9月に開校、学長を務める

現在付き合いがあり、一緒に活動している人物もしくは今後活動したい相手
・田村馨(福岡大学商学部教授・次世代人材開発研究所所長)

ヒトづくり

三粒の種合同会社　木村航

地域の将来を担う人材を育成する「寺小屋」を運営

いま、何を手掛けているのか?

　体験農園・地元野菜の宅配事業と教育（塾）事業を行っている福津市津屋崎の「三粒の種」という会社で、「寺子屋　三粒の種」という塾の塾長を務めている。

　小学4～6年生と中学1～3年生を対象に基礎学力と人間力を養う場として、古民家を利用した寺小屋で「読み書き」「計算」の学習や地域行事への参加、料理やものづくり体験などを行っている。いわゆる学習塾ではなく、地域の大人たちと触れ合うことで将来を考え、農業体験などを通して生活力をつけることを目指している。

なぜ、福岡／九州でやるのか?

　埼玉県で会社勤めをしていたが、リーマンショックを機に退職した。その後、自転車で鹿児島まで旅をしたが、地域を熱く語る人との出会いがあり、地域に貢献する生き方を目の当たりにした。そうした時に、国の「ふるさと雇用再生特別基金事業」で福津市が津屋崎への移住・交流を推進するプロジェクトのスタッフを募集していることを知った。空き家・空き地を活用し、地域の資源・ソフトを組み合わせることで、移住・交流を促進するというプロジェクトだった。そのスタッフの一員として採用され、2009年9月に津屋崎に移住した。11年3月までの間に、WEBサイトなどによる津屋崎の情報発信、空き家の改装や不動産会社の仲介といった移住者の受け皿づくり、移住を考えている人たち向けのワークショップの企画運営などを手掛けた。期間中に30世帯を超える移住があった。

　津屋崎に来てからは、それまで「仕事」「プライベート」の二つだけだった生活に、「地域」というカテゴリーが加わった。福岡市内にもファシリテーターの仕事で出向くことがあるが、以前住んでいた埼玉が東京の一部という感じだったのに対して、福岡は九州の中心であり、「自分たちで何かをやろう」という意思を感じる。

これから何をやっていくのか?

プロジェクト終了後も津屋崎に残る決断をした。事業としてやり遂げた感はあったが、個人として何をしたのか実感できなかったからだ。自分が地域にどう貢献できるのかを考えた時、教育事業に行き当たった。母や祖父がそうだったように自分のルーツは教育にあるのではないかという思いと、地域活性化にはそこに住む人、特に子供たちがいずれ故郷に戻ることが大切だと思ったからだ。そのためにはしっかりとした意思と価値観を持つ人材の育成が不可欠だと考えた。

雇用の場を用意することだけが地域活性化ではないはずだ。自分と地域の将来を考える空間と、同じような思いを持つ人が集う場を提供することが地域づくりの第一歩だと考える。そこで自らの人生の方向性を見出した人が活動を始めたとき、その地域は元気になっていくものだと思う。

上)本人近影、下)「寺小屋 三粒の種」の授業風景

専門分野・得意分野
・地域コミュニティの企画運営
・会議などの進行役(ファシリテーション)

実　績
・津屋崎千軒を核とした移住・交流ビジネス化業務
・教育(塾)事業

参加団体・コミュニティー・会合
・津屋崎に移住を考えている同世代の人たちとの勉強会

夢や思い
・地域を支え、担っていく子供たちの育成。進学や就職で県外に出ても、いずれは地元と関わっていきたいと考える人材を多く輩出すること

今後の活動テーマ・フィールド
・最近、海外に出たいという子供が増えているため、海外の生活や仕事などについても寺小屋の研究の一つとして取り扱っていきたい

主な経歴
1981年生、埼玉県出身。国際基督教大学卒。会社員を経て2009年9月に津屋崎に移住、まちづくりに携わる。2013年8月、「三粒の種」を設立し、教育事業(寺小屋)の塾長となる。自治体やNPOなどの会議やワークショップの場づくりをするファシリテーターとしても活動中。

ヒトづくり

株式会社ビッグトゥリー　代表取締役　高柳希

ディスカッションを通して次世代の人材育成を目指す

いま、何を手掛けているのか?

企業研修・学校教育・家庭教育を3本柱としたコミュニケーション事業を行っている。

企業研修では「対人コミュニケーション」をテーマに、目的や階層、職種にあわせて企業内での集合研修やオープンセミナー、講演会などを企画・提案している。学校教育では、コミュニケーションを「理解する」「あきらめない」を目標に、参加型のワークショップやディスカッションなどを行っている。家庭教育では中学生親子が旅行を通してコミュニケーションを深める研修「啐啄（そったく）の旅」を企画している。

いずれも顧客の抱えるコミュニケーションの状況に対して理想や課題を抽出し、顧客に合わせたカリキュラムを設計している。

なぜ、福岡／九州でやるのか?

大学の寮生活でディスカッションの楽しさと必要性を感じ、大学構内で自由に気軽に語りあうイベント「討論カフェ」を企画したのが創業のきっかけだ。その後、コミュニケーション論を学び2006年に創業、中学・高校でのディスカッション授業を始めた。「ディスカッションを教育の場に」という思いで、学校での授業を試みたが、ビジネスとして成立しなかった。そこで社会人を対象にした公開セミナーや企業研修の提案を始め、少しずつ取引が広がっていった。

大学時代に企業経営者や教授たちとのつながりがある程度できていたこと、生活コストの安さなどリスクが少ないことから福岡で創業した。

取引先は東京に本社があって九州に拠点がある大手企業が多いものの、東京まで行かなくても福岡の支社・支店に営業を行うことで、関係を築いてきた。また、私たちのようなコミュニケーション事業に携わる企業が福岡にあることは十分に知られておらず、福岡でもビジネスチャンスはあると感じている。東京に営業に行くと「わざわざ福岡から来たの?」と興味を持って話を聞いてくれるなど、福岡に拠点を置くことが有利になることも多い。

福岡は投資や人の紹介などでも協力を得られやすく、チャレンジしやすい街だと思う。

これから何をやっていくのか?

今年で創業10年目を迎えた。企業研修のリピーターも増え、ようやく経営基盤を確立できたと感じている。これからの5年は当初からやりたかった次世代のコミュニケーション教育にも力を入れていきたい。そのための教育プログラムの構築を進めている。

アイデンティティー形成の時期を迎える中高生は、我々が思っている以上に多くのことを考えている。ただ、その思いを発信・議論する機会が少なく、いろんなことに挑戦しようという気持ちが育たない。ディスカッションを通して、時代の変化にも適応できる逞しさを身につけてほしいと思っている。

上)本人近影、下)創業メンバーの仁田原朋香取締役(左)と高柳さん

専門分野・得意分野
・コミュニケーションを軸とした、企業・学校・家庭向け教育事業
実　績
・福岡商工会議所、福岡銀行、佐川急便、キリンビールマーケティング、日本旅行などでの企業研修
・中学、高校、大学での学校授業および講話
・麻生リハビリテーション大学校非常勤講師
参加団体・コミュニティー・会合
・NPO法人全国レインボークラブ
・NPO法人アカツキ
・日本の教育を考える会
夢や思い
・事業を通して、義務教育の現場でディスカッションが導入されること。将来は海外のコミュニケーションについても研究し、活動の場を広げたい。
今後の活動テーマ・フィールド
・中高生を対象にした次世代のコミュニケーション教育
主な経歴
北九州市出身。福岡大学卒業後、2006年に創業。中学、高校でのディスカッション授業を開始。2009年株式会社ビッグトゥリーを設立。コミュニケーション学を用いた講義に定評がある。オリジナルのワークショップを用いる参加型講義で企業の研修や講演会を行う。

ヒトづくり

「子育て大国・日本」に向け 次世代リーダーを発掘・育成

Ｌｏｇｉｓｔａ（ロジスタ）代表　長廣百合子

いま、何を手掛けているのか?

大学時代から一貫して「次世代リーダーの発掘と育成」に取り組んできた。在学中は学内外で同世代のキャリア開発を、卒業後は営業職として企業や官公庁の新卒採用や人材育成に関する戦略立案・実行サポートの仕事に従事した。退職後は地元経済団体で実践型インターンシップ（キャリアスクーププロジェクト）を企画した。2012年8月にLogistaを設立し、企業や大学で講師として若手人材の能力開発を進めている。

背景にあるのは、全ての仕事人が次世代リーダーだという思いだ。誰にでも自分を育んでくれた人や環境から受け継いだ資源を、志や英知として次代へつなぐ義務と権利がある。年齢や性別は関係ない。各人のフィールドで当事者性を発揮できれば、社会はもっと良くなるはずだ。

なぜ、福岡／九州でやるのか?

小学生の頃、長い間いじめに遭っていた。4年生になって母にカミングアウトした際「お母さんはあんたが悪いと思わん。でも人や環境を変えたいなら、百合子あんたが変わりなさい」と諭された。当事者の自分が闘うという〝使命感〟である。自分の命（時間や労力）をどう使うかが重要だと知った。

根幹には、生まれ育った福岡から始めるのが「理」という思いがある。自ら道を切り拓く姿勢を示してくれた母の言葉を胸に、この地で感じ、学び得たものを返していきたい。

これから何に取り組むか?

独立・結婚・妊娠・出産・育児・家事の経験から「子育て」を中心に据えた社会構造の確立が必要だと感じる。従来の「会社が〝主〟で、家庭は

〝従〟」という考えに基づく社会システムでは、未婚化・晩婚化・少子化・産後クライシス・虐待などの問題は解決しない。また働き方が多様化する中で、会社勤めを基本とした制度改革だけでは不十分だ。共働き、専業主婦・主夫、ひとり親など状況はさまざまだが、いずれの家庭でも育児や家事など「家の仕事」が副次的なものとされる限り、安心して子どもを産み育てられない。

今秋から母校で「ビジネス入門」というテーマの講義（全15回）を担当する。仕事人として社会課題に挑戦できる当事者を輩出したい考えだ。私自身もまた「子育て世帯の当事者」として、行政を待たずにビジネスの分野から市民（国民）の実態に即した選択肢を増やしていく。イノベーションスタジオ福岡での「世帯経営」をテーマにしたプロジェクトもその一つだ。

子育て世帯が幸せに暮らせる国の未来は明るい。「子どもは国の宝」という価値観を呼び覚まし、育児が国の未来を担う人財（次世代リーダー）を発掘・育成する仕事として認識されるようになれば多くの問題は解決するだろう。夫をはじめ、課題感を共有している仲間たちとの挑戦は始まったばかりだ。

上）本人近影、下）夫と参加する「イノベーションスタジオ福岡」での一コマ

専門分野・得意分野
・次世代リーダーの発掘・育成を軸にした学生や若手社会人のキャリア開発
・インターンシップ、研修の企画運営・講師

実　績
・企業・大学での研修講師活動
・中長期実践型インターンシップの企画運営

参加団体・コミュニティー・会合
・イノベーションスタジオ福岡（２期生）

夢や思い
・「子どもは国の宝」という価値観に基づいた日本社会の確立

今後の活動テーマ・フィールド
・「子育て」を中心に据えた「世帯経営」の追求と実践

主な経歴
1984年３月福岡市生まれ。九州産業大学商学部商学科卒業。在学中からＮＰＯ団体で学生のキャリア支援に従事。株式会社毎日コミュニケーションズ（現・株式会社マイナビ）、一般社団法人福岡中小企業経営者協会を経て、2012年Logista設立。

現在付き合いがあり、一緒に活動している人物もしくは今後活動したい相手
・長廣 遥（夫／イデアパートナーズ株式会社）、
・課題意識を共有できる友人

ヒトづくり

ＰＢＬによる実践的教育で若者の『考動力』を開花させる

九州産業大学 経営学部 国際経営学科 講師 真木圭亮

いま、何を手掛けているのか?

自ら取り組みたいテーマを見つけ主体的に企画立案し、仲間と一緒に取り組む実践的手法『ＰＢＬ(プロジェクトベースラーニング)』を通じて、学生のポテンシャルを最大限に引き出す教育を進めている。もちろん学生の知識不足や見通しの甘さに対する企業や団体の厳しい意見や指摘、また頓挫したプロジェクトもある。しかし私たち教員は成功より失敗から学ぶ価値の大きさに期待し、学生にうまく失敗させようという意図さえ前提としている。

近年の若者は「手の届く範囲でしかモノを考えないし、動かない」と評されるが、それは彼らを取り巻く大人の責任だ。特に大学教員の役割は大きい。

大学で過ごす数年間は専門的知識を身に付けるだけでなく、自分が既に社会の一員であることを自覚し、自分に起きる事象を的確に判断し、選択し、責任を持つ〝あたりまえの大人〟の土台作りをするモラトリアム期間だと言える。自分と社会との関わりを体感する上で、ＰＢＬのもたらす効果は大きい。

なぜ、福岡/九州でやるのか?

私もかつて大学は面白くないと感じていた。しかし3年次にゼミで良い師や仲間と出会ったことでその思いは吹き飛んだ。夢中で学ぶ中で、大学にこそ社会をトータルで学べる良い教育が必要だと感じ、大学教育に携わりたいと思うようになった。結局、学部から修士、博士課程へ進み、ゼミをサポートする期間も合わせて11年間を早稲田大学で過ごした。そこで得たフィールドワークの価値を違う環境で検証したいと思っていた時期に、２００３年から事業開発コースを設け、PBLによる育成に取り組んできた本校との縁が開けた。

福岡で暮らして3年目を迎えるが、今なお日本の中心が東京にあることを感じる。福岡は地方の大都市ではあるが、その壁を破りきれない。そこには〝受信は上手だが、発信が下手〟という課題を感じる。私を含めた若い世代が「個」としての力を伸ばし、組織（人の結びつき）で動く実績を積み重ねることが必要だ。

これから何をやっていくのか?

知識や体験を通して選択肢を増やしてやることが「教育」だと考えている。国語・算数・体育といった基礎知識をベースにした『考動力』を持つ若者が一人でも増えるよう、PBLを通じて彼らをサポートしていきたい。

本校の卒業生の多くは九州圏内で働く。つまり本学は〝地域の受け皿となる大学〟でもある。失敗を糧にたくましく育った学生はコミュニケーション能力が高く、現場好きだ。当然、企業の受けもよく、ビジネスの最前線で活躍したり、自立心の高さから起業する者も少なくない。自ら考え、行動し、学びとり、生かすことのできる若者を一人でも多く育て、送り出したい。それが福岡や九州における、地方創生の原点になると信じている。

上）本人近影、下）開発した新商品を手に、達成感を分かち合う

専門分野・得意分野
・ビジネスシステム
・経営組織における制度の流行
・ＰＢＬによる若手育成教育
実　績
・『イノベーターのジレンマを越えて〜シスコシステムズのＡ＆Ｄ戦略』（共著 2006年 白桃書房 井上達彦編著『収益エンジンの論理技術を収益化する仕組みづくり』所収）
夢や思い
・頭と体を同時に動かせる「考動力」を持つ若者を増やしたい
・一方的な「消費者」や「受け手」としてではなく、さまざまな事柄の「つくり手」となる人々を育成していきたい
今後の活動テーマ・フィールド
・自分自身を諦めなくていい社会、自分自身に期待できる社会の基盤づくり
主な経歴
1982年９月生、神奈川県横浜市出身。早稲田大学大学院商学研究科博士後期課程単位取得退学。2012年４月より現職。
現在付き合いがあり、一緒に活動している人物もしくは今後活動したい相手
・高島宗一郎（福岡市長）
・若手経営学者・社会科学者、問題の突破口を探している人々

まちづくり

『イノベーションスタジオ福岡』で、福岡の都市デザインに挑戦

RE:PUBLIC 共同代表　内田友紀

いま、何を手掛けているのか?

多彩なバックグラウンドや能力をもつ異分野の人々が混ざり合って、新しい未来や事業を創造していく──。《人》を起点とした、福岡ならではのイノベーション創出プログラムである『イノベーションスタジオ福岡』の企画・運営を担当している。

イノベーションスタジオ福岡は、都市が向き合ってゆく社会的テーマに、市民・行政・企業などセクターを超えた人々が関わり、事業を起こしていくプラットフォームだ。これまでは、健康社会の創造~スポーツやライフコース~、福祉などのテーマに取り組んできた。《リサーチ&フィールドワーク》《アイデア創造&プロトタイプ》《スケールアウト》というステップを踏み、子供の身体性を刺激するプロダクトや、感情を計測し働きかけるサービスなど、新たな事業が作られたり、企業内の新規事業化が決まる人々が現れ始めている。これら事業を通じて、新しい、社会の〝あたりまえ〟が生まれていくと信じている。

なぜ、福岡/九州でやるのか?

2年間の都市計画分野の大学院留学から帰国した2013年7月に福岡へ引っ越して来た。留学中はイタリアをはじめ、ブラジルやチリ、ベトナム各地域の課題解決プロジェクトに携わった。その後、福岡の国際都市化を目指す組織(FDC)やスーパー公務員の方々に出会い、海外から日本の各都市をみて福岡の大きな可能性を感じ、移り住んだ。

最近、世界的に注目されるイノベーティブな都市は、福岡と同じく200万人規模であることが多い。また、都市は3つのレイヤー(階層)である《風土》(地形・自然・歴史)、《創造物》(建物・道路)、《コミュニティ》(市

民・組織）で構成されていると考えている。その点からも福岡は、風土も、中心性のある構造であることも、行政・企業・市民の距離が近いこともあいまって、持続的な変化が起きやすい地域だと感じる。

いま、世界の魅力的な都市は、国の枠を超えてローカル同士でつながり、互いの価値を強め合う流れにある。このような《トランスローカル》な世界を福岡から実現すべく、今年はコペンハーゲンやアムステルダム、アジアの都市などとの連携を強めたい。

これから何をやっていくのか？

〝広義の都市デザイン〟だと考え、イノベーションスタジオ福岡に取り組んでいる。参加する方々自身が創造性を開放し、事業を通じて新たな暮らしの形を実現してゆく。それは一つの、デザイナー不在で広がる「自ら変化し得る都市」のデザインだと考える。私たちはそのための土作りをしているのだと思う。

これから取り組んでみたいことは、これらの動きを後押しする空間の物理的なデザインだ。自然に集い、エネルギーが生まれて行く場を皆とつくれたら嬉しい。日本の新たなローカル像を福岡で実現すべく、様々な方々と一緒に挑戦していきたい。

上）本人近影、下）一堂に会した福岡とコペンハーゲンのプロジェクト関係者

専門分野・得意分野
・都市のフィールドリサーチ
・エスノグラフィックリサーチ
・参加型プログラムの設計
実　績
・イタリア、ブラジル、チリ、ベトナム等の地域プロジェクト
・ブラジル州政府都市開発局のインターンシップ
・在学中に立ち上げた02cafeの設計・施工・経営
・ガイドブック「福井人」の企画・出版
・国際学会Participatory Design Conferenceでの論文発表
夢や思い
・「自ら変化し続ける地域」のデザイン
・トランスローカルでつながる都市像の実現
今後の活動テーマ・フィールド
『イノベーションスタジオ福岡』のブラッシュアップ、国外地域との接続、空間のデザイン
主な経歴
1983年10月28日生、福井県出身、早稲田大学理工学部建築学科卒。リクルートにてメディアプロデューサーとして従事のち、イタリア・ブラジルへ大学院留学。帰国後Re:publicに参加、現在は福岡と東京での二拠点居住中。

まちづくり

『福岡移住計画』代表　株式会社スマートデザインアソシエーションCEO　須賀大介

福岡をもっと面白くする仲間を『福岡移住計画』で増やしていく

いま、何を手掛けているのか?

移住を考えている人たちに向けて、福岡での仕事や住居、暮らしなどを紹介・支援していくプロジェクト、『福岡移住計画』を立ち上げて、仲間と一緒に取り組んでいる。

私自身の実体験から「移住を考えることは、自分の《生き方》や《あり方》を考えて、自分の生き方を再構築していくことだ」と思う。この点を踏まえ、福岡への移住に関心を持つ人に向けて、福岡での仕事やライススタイル、求人企業などについて、

・《コネクション（福岡とつながる）》
・《リサーチ（住まいや仕事をさがす）》
・《コミュニティー（福岡のコミュニティーにつながる）》

の3点から移住者向け支援サービスを提供している。

なぜ、福岡／九州でやるのか?

私が福岡へ移住するきっかけとなったのは、東日本大震災だった。それ以前は、東京で自ら創業したウェブマーケティング会社の経営や業務に追われる日々を送っていた。3・11に遭遇して、仕事上のリスクや家族の安全・安心、さらに自分自身の生き方や働き方を見直した。

そして、移住先として、自然豊かで、東京とのアクセスが良い場所を候補地に考えた。長野や山梨、京都などを訪ね歩く中、たまたま福岡に立ち寄り、初めて糸島という土地を知った。初回の福岡訪問で心惹かれるものがあり、再訪して海の美しさや山々の緑、暮らす人々の生き方などに魅せられて、移住を決断した。

その後、社員と約半年にわたって話し合いを重ねた。そして、東京に本社事務所を置いたまま、CEOである私が移住先の福岡にオフィスを構えて、新規事業や新領域の開拓に取り組む体制を構築して、糸島へ移

り住んだ。

これから何をやっていくのか?

福岡移住計画ではエンジニアやクリエイターらを対象に、福岡市やマイナビと連携しながら、福岡で暮らす・働くことを体験できるトライアルワーク『ぼくらの福岡クリエイティブキャンプ』を実施して好評だった。

そして、今年1月、糸島にシェアオフィス兼ゲストハウスのコミュニティカフェ『RISE UP KEYA』をオープンした。今後、私の本業であるウェブマーケティングに加え、新規事業として、ITやクリエイター系の移住希望者を地元企業などに〝橋渡し〟する有料人材紹介ビジネスを今後立ち上げていきたいと考える。新たに手掛ける人材紹介システムでは移住者向けに転居費用などを支援していく独自サービスの構想を練っている。

これらの積み重ねによって、福岡へ面白い人がやって来て、それが魅力となって、新たな面白い人々が次々とやって来る流れをつくっていきたいと思う。そうした中から新たな面白いコトが起きて、色々なプロジェクトが立ち上がっていくことを期待している。

福岡移住計画を通じて、今後、福岡をもっと面白くする仲間を増やしていきたいと思う。

上)本人近影、下)糸島市志摩芥屋にオープンした『RISE UP KEYA』

専門分野・得意分野
・移住者向け支援プロジェクトの企画・運営
・ウェブマーケティング

実　績
・『福岡移住計画』
・シェアオフィス兼ゲストハウスのコミュニティカフェ『RISE UP KEYA』の開設

夢や思い
・福岡をもっと面白くする仲間を増やしていきたい

今後の活動テーマ・フィールド
・移住者向け支援プログラムの充実および支援ビジネスの企画・開発

主な経歴
・1976年7月28日生、茨城県水戸市出身。明治大学で税務・会計を学び、税理士を目指したが、会計とITコンサルティングが複合化する時流を踏まえ、システム系ベンチャー企業に就職。26歳の時にウェブマーケティングを手掛けるスマートデザインアソシエーションを設立、代表取締役CEOに就任。2012年福岡県糸島市に移住。2013年に『福岡移住計画』を立ち上げた。

まちづくり

株式会社斎藤政雄建築事務所 代表取締役　斉藤昌平

「箱崎九大町」の実現とともに 人の暮らしと街の融合を目指す

いま、何を手掛けているのか？

6年前に父から引き継いだ建築事務所で建築デザイン・設計業務に取り組みながら、今年で12年目となる箱崎地区（福岡市東区）のイベント『ハコフェス』の企画運営に携わってきた。そして現在注力しているのが、九州大学跡地の事業提案プロジェクトだ。

〝百年の蓄積の上に、積み上げられる町へ〟という方向性で、キャンパス内の建物や施設をできる限り残し、再利用する内容の企画を進めている。百年の時間が積み重なった空間は、次の百年を実らせる土壌だという思いがある。私が生まれ育った箱崎の町に、九大はランドマークとして存在してきた。たとえ大学機能は新キャンパス（福岡市西区・糸島市）へ移転しても、人々にとって大きな存在であることに変わりはない。敷地内には大学が歩んできた年月を示すかのように、クラシカルなデザインからコンクリート様式まで、さまざまな時代の建築モデルが建ち並んでいる。統一されない良さが、貴重な景観美を感じさせるのだ。

これらの空間資源（ストック）を循環活用することで、経済発展の追求や作り続けるだけの20世紀的な考え方から脱却し、食物・エネルギー・人材・アイデア・事業・変革を再生産させる21世紀的な創造拠点として『箱崎九大町』の構築を目指している。

なぜ、福岡／九州でやるのか？

私の中に「何かを始めるなら、自分がいる場所から始めるのが自然だ」という思いがある。愛着の積み重なりが町になることを気づかせてくれたのは、旅で訪れたスペイン・バルセロナだった。暮らしと町がフィットして、住民の誰もが「自分の町」という誇りを持っている。建築という仕事柄、まちづくりや都市計画という言葉に触れる機会が多い。しかし形からスタートするのではなく、人々の活動からスタートするのが、町の自然な在り方だと気づかせてもらった。そうした気づきが、先述した『ハコフェス』やシェアスペース『ムメイジュク』、異業種コラボレーション『まちカンパニーはこざき』といった活動につながっている。

九州は資源（宝）が豊かで、各県の地域性も明確だ。また東京との適度な距離感が道州制構想など独立独歩の気風を生んでいると感じる。以前から私は、人や情報はグローバルに、エネルギーと食料はローカルに広がるのが良いと考えてきた。その両面が結びつき、バランスを保つ大切さを実現しやすいのが九州だと思う。

これから何をやっていくのか?

まずは九大跡地プロジェクト前進に向け、できることから着実に歩を進めたい。またイベントやプロジェクトを通じて人の心を集めて可視化し、そこで得た気づきや体感を基盤に、人の暮らしが安定するための〝巣〟を建物として表現する。

思考をアウトプットできる場があるのは建築を仕事にする者の利点だ。ブレることなく真摯に「建物」と対峙していきたい。

上）本人近影、下）「ハコフェス」での一コマ。仲間たちと達成感を味わう

専門分野・得意分野
・人が豊かに暮らせる、住まい、町、都市の企画、デザイン、設計
・パフォーマンスやアートなど、表現系イベントの企画運営

参加団体・コミュニティー・会合
・まちカンパニーはこざき（ムメイジュク）
・ユナイテッドピープル

夢や思い
・自分の暮らしが、世界や社会とつながっている人生を実践すること

今後の活動テーマ・フィールド
・建築とまちづくり

主な経歴
1977年２月生、福岡市出身、九州芸術工科大学芸術工学部環境設計学科卒。環境デザイン機構を経て、斎藤政雄建築事務所へ。2009年８月、同所代表取締役に就任。2013年、地元箱崎に「ムメイジュク」を、TETUSIN DESIGNと共同で開設。

現在付き合いがあり、一緒に活動している人物もしくは今後活動したい相手
・先崎哲進（グラフィックデザイナー）
・平瀬有人（建築家）
・関根健次（ユナイテッドピープル代表）

まちづくり

まちの縁側プロジェクト主宰、九州大学大学院比較社会文化学府研究院 院生 福井崇郎

地域にプレーヤーとして飛び込み、〝場〟と人を活かしたまちづくりに挑む

いま、何を手掛けているのか?

糸島市で空き家を改修したシェアハウスに15畳の土間を設け、〝まちの縁側〟というコンセプトで地域の人たちに《集い》や《学び》の場を提供する。

気軽に立ち寄れる場として、作物を作る人・料理をする人・食べる人が食事をともにしながら語り合う『共食』や地域の人たちが飲食をしながら政治や社会、地元のことについて談義する『おやじの会』を開催している。また、落語やコンサートなどの場としても利用してもらっている。

九大生による子どもたちの考える力・学ぶ力を養う寺子屋スタイルの勉強会やワークショップ、さらに地元の文化や伝統、地域資源などを知るきっかけづくりにも取り組んでいる。

一連の取り組みで「ここに来てよかった」という声を聞くのは嬉しい。また、多彩な人々との出会いで〝化学反応〟が起き、「みんなで何かやろう」という土壌ができつつあり、楽しみだ。

なぜ、福岡/九州でやるのか?

大学院生の私が、糸島で活動する理由は、私が通う九大伊都キャンパスに近い糸島はヒトやモノ、歴史、文化など様々な魅力があるからだ。

学部時代から炊き出しなどの貧困問題に関わり、大学院からはコミュニティづくりや住民自治を研究する。大学院で学ぶだけでなく、地域に根を張ったプレーヤーを志し、まちの縁側での場づくりやイベント開催、消防団などの地域活動にも参加している。

地域のコミュニティに飛び込むと、たしかに伝統やしきたりなどの〝不自由さ〟はあるものの、それを受け入れると、自分の世界が広がり、地域への見方が変わり、さらに住む人々から信頼されることを実感した。

そして、地域に「どんな人がいるの

か」「どんな思いで暮らしているのか」を知れたことで、私自身が糸島に対して愛着や誇りを感じている。古来、歴史や文化に恵まれた糸島には、魅力的で個性的な人が多く、面白いコトを起こせる地域だと確信している。

今後、何をやっていくのか?

今年4月の拠点移転を機に、『まちの縁側プロジェクト』は新たな段階へ進む。従来の食事会や勉強会、イベントなどの開催に加えて、未来の担い手である中学生が、自分や地域の未来を考える、糸島「まち×エネ」プロジェクトを積極的に取り組んでいく考えだ。具体的には、中学校での対話式授業をはじめ、地域で働く大人たちをインタビューして、その思いや生き方などを子どもたちに伝えたい。

その第一弾が、今年3月に子どもたち向けの副読本として作成した、『二丈FUTURE』だ。学生有志による協力や地域住民からの協賛で発行できた。このような中学生を対象とした一連の活動は、私自身の博士論文のテーマにもしたいと思う。

そして、地域で暮らす人たちと一緒になって、泥臭く、汗をかきながら、地元の人たちがここに住んでいてよかったと思って貰えるまちづくりに取り組んでいきたい。

上)本人近影、下)刷り上がった『二丈ＦＵＴＵＲＥ』を中学生に贈呈

専門分野・得意分野
・日本社会文化研究
実　績
・まちの縁側プロジェクト
・糸島「まち×エネ」プロジェクト
・小冊子『二丈ＦＵＴＵＲＥ』編集および発行
夢や思い
・地域のプレーヤーとして参画しながら、地域住民と一緒になって、まちづくりをしていく
今後の活動テーマ・フィールド
・地域への愛着や誇りなどの醸成しながら、住民と一体になったまちづくりの実践
主な経歴
1988年1月10日生、長崎県宇久島出身、九州大学大学院比較社会文化学府・研究院（日本社会文化専攻）に在籍中。学部生時代に貧困問題に取り組み、派遣村や日雇い労働者の町などをフィールドワークする。2012年2月に空き家を改修した糸島市内のシェアハウスに移り住み、まちの縁側プロジェクトを立ち上げる。

まちづくり

地域コミュニティデザインの、新プラットフォームを提案・創出

NPO法人ドネルモ　代表理事　山内泰

いま、何を手掛けているのか?

地域と関係を持つ人と今後関わりたい人々が、お互いに学び合いながら地域の支え合いのかたちをかえてゆく『地域デザインの学校』というプロジェクトを、私たちドネルモと福岡市の共働事業として提案し、2014年度から実施している。

「地域に関心があるのに、関わり方が分からない」「自分の趣味や特技などを通じて、多くの人たちとつながりたい」……。そんな思いをもつ人たちが、『地域デザインの学校』という学び合いの場を通じて、お互いにつながりながら活動を生み出していくことを期待している。

この企画のポイントは、単に講座実施に留まらず、事前リサーチや講座後の卒業生へのアフターフォローまで幅広くカバーしているところ。講座も一方向的な講義ではなく、創発的な議論を通じて自発的な営みが生まれるよう配慮した。

結果、初年度の受講生からは、4つのチームが立ち上がり、フリーペーパー創刊や市民センター移転に伴う利用者づくり、「使われ方」から考えるシンボルマークづくりなどの活動が生まれている。

この企画の背景には、超高齢社会における単身世帯の増加などの大きな社会変化にあって、地域の支え合いのかたちも変わっていかなければならないとの問題意識があった。『地域デザインの学校』は、これからの地域における新たな関係づくりへの布石になり得ると考える。

なぜ、福岡／九州でやるのか?

私は山口県出身で、大学時代は熊本市で過ごし、大学院進学で福岡市へ移り住んだ。

私自身は土地へのこだわりは無く、

たまたま福岡に拠点を構えたという感覚だ。福岡で知り合った色々な人とのネットワークが現在の活動の基盤のひとつになっている。

「どこでやるか」よりも「誰と一緒にやるか」「どんな人とつながっているのか」という人的なネットワークの方が重要ではないだろうか。

福岡は様々な要素が混在したたまちだと思う。その可能性と限界を常に見据えながら、自分たちの目指す状況をつくっていきたい。

これから何をやっていくのか?

ドネルモは、コミュニティ・デザイン、文化事業、調査研究を主な事業内容として活動している。コミュニティ・デザインの取り組みのひとつが、『地域デザインの学校』だ。

今回、千早校区で行った活動をモデルケースにして、次年度は2つの地域での実施を予定しており、プログラムのさらなる充実・改良を図っていく。

今後もドネルモでは、人と社会のあいだに新しい関係を見つけ出すことで「あったらいいな」をかたちにしようとする人々をサポートしながら、一緒に「これからのシーン」をつくっていきたい。

上）本人近影、下）『地域デザインの学校』の入学式における光景

専門分野・得意分野
・コミュニティ・デザイン（まちづくり）
・美学・芸術学

実　績
・福岡市共働提案事業「地域デザインの学校」
・マウル・マンドゥルギ韓国協働視察プロジェクト

夢や思い
・人と社会のあいだに新しい関係を見つけ出すことで、「あったらいいな」をかたちにしていける文化的な社会

今後の活動テーマ・フィールド
・「地域」「福祉」「文化」という既存のジャンル別縦割の解消と相互のネットワーク形成

主な経歴
1977年12月22日生。山口県出身。九州大学大学院芸術工学府修了（芸術工学博士）。2012年NPO法人ドネルモを設立、代表理事に就任。大学や自治体セミナーの講師なども務める。

現在付き合いがあり、一緒に活動している人物もしくは今後活動したい相手
・NPO法人アカツキ（韓国視察を協働で実施）
・単一のジャンル・地域・専門性に留まらない想像力をもつ人

まちづくり

課題先進地・志賀島の活性化に取り組み、海外への"武者修行"を構想

カラクリワークス スタッフ 山崎基康

いま、何を手掛けているのか?

福岡市東部の志賀島を活性化させる活動を以前から仕掛けてきた。そして、2014年10月から『シカシマサイクル』という新たなプロジェクトを立ち上げた。志賀海神社の参道入り口近くにある古民家を改築したカフェで世界的な自転車メーカー『ビアンキ』のマウンテンバイクをレンタルサイクルとして貸し出している。

志賀島〜海の中道は、『サイクリスト』と呼ばれる自転車愛好家が数多くやって来るスポットだ。カフェでは、自転車愛好家をはじめとする来訪者向けインフォメーションの役割も担っている。

また、カフェはコミュニティスペースも兼ねており、来訪者だけでなく、地域の人たちが集まって来る場にもなっている。また、地元の漁師を先生に昔ながらの魚料理を再現するなど、地域資源や地元の素材を活かしたイベントも随時開催して好評だ。

なぜ、福岡／九州でやるのか?

もともと福岡市出身で、学生時代を関西で過ごして、建築を学んだ。大学卒業時の就職先が東区の実家近くにある建築事務所だったので、Uターン就職して、そのまま福岡に住み続けている。

6年ぐらい前、バックパッカーとして約1年間、アジアを中心に海外放浪をしたことがある。私が訪れた国々で知られている日本の都市は東京、京都ぐらいだった。世界的に都市は役割や機能の明確化が進んでおり、東京は経済・行政都市であり、京都は文化都市だ。

小さな都市ながらも一通り機能がそろっている福岡は、社会実験都市を目指していくべきではないだろうか。時代の最先端をいく取り組みが

社会実験として実施されるのは、福岡の気質とも合うと思う。

これから何をやっていくのか?

海外放浪から帰国して福岡へ戻り、志賀島へ行くと、島全体が家のようなつながりがあって、「日本に帰って来た」ということを実感した。

たしかに志賀島では、人口減や高齢化で過疎化が問題になっている。しかし、見方を変えると、今後各地で発生する《課題の先進地》でもある。

それだけに今後も志賀島の活性化に向けては、地域の人々と一緒になって、志賀島～海ノ中道のサイクリングロード化などの取り組みも進めていきたい。

その一方で、地域に留まることなく、外の世界へ飛び出すことも大事だと思う。いま、考えているのは、海外への〝武者修行〟だ。

例えば、ニューヨークでは、貨物線路跡を観光名所にしたハイラインをはじめ、先進的なまちづくり手法であるBID（ビジネス改善地区）、まちのコンシェルジュとしての機能を担う公共図書館など、最先端の取り組みが数多くみられる。

海外の地に学び、見識を広めることで、今後の活動に役立てていきたいと考える。

上）本人近影、下）シカシマサイクルの外観

専門分野・得意分野
・地域活性化プロジェクト全般
・建築設計

実　績
・志賀島共和国
・KEYS FOR KEY～大名小プロジェクト～』
・けやき通りでのシェアオフィス運営

夢や思い
・人々がハッピーになることが基本

今後の活動テーマ・フィールド
・志賀島における地域活性化
・ニューヨークへの〝武者修行〟および将来的な移住

主な経歴
1984年10月26日生、福岡市出身、神戸芸術工科大学卒。2007年メイ建築研究所に入社。志賀島を勝手に活性化させるプロジェクト『志賀島共和国』や『KEYS FOR KEY ～大名小プロジェクト ～』などを手掛けた。

IT・デジタル

人に役立つ商品技術の開発で地方創生立国の一端を担う

fourdee（フォーディ）システムクリエイター　岩瀬聡一郎

いま、何を手掛けているのか？

3D（3次元センサー）とバーチャルリアリティー技術を組み合わせた、アプリケーションの開発に取り組んでいる。この技術を応用して、例えば仮想のボールを打つことで効率的なトレーニングが可能になったり、トレーニング前後の筋肉変化や施術前後の美容効果が明らかなデータとして示せるなど、人々のニーズに沿ったシステムの商品化が可能になる。

イメージとしては、スポーツ、フィットネス、エステサロン、化粧品、美容、健康そして通信販売など幅広い分野において、技術的評価、医療・美容・健康機器の性能評価、モチベーションの維持向上、新商品開発などに役立てると考えている

なぜ、福岡／九州でやるのか？

確かに仕事の件数、IT勉強会の開催数や盛り上がり方では、東京など大都市圏と福岡／九州には大きな差がある。しかし親の仕事の都合で転校が多かった幼少時の記憶や、地元の信頼できる人間関係の中で豊かに人生を送る友人・知人の姿を見るうちに、自分が何よりも「根を張って、いつでも帰れる環境」で生きたいと求めていたことに気づいた。家庭を持ち、子どもを得たことで、さらにそう痛感するようにもなった。

webをはじめとするインフラの進化や、有能な人材の流動といった時代背景が、最先端の技術を扱いながら地方で生きることを十分可能にしている。また地方に生きているからこそ見えてくる、現在の社会構造の限界や、地域活性化に期待する時代のニーズもある。

もし多くの若者と同じように東京へ出ていたら、私は根無し草のようにしか生きられなかったのではないか。

人のために役立つ仕事をすれば、選択肢はいくらでも広がり、地方でしっかり生きていけることを、わが子に示せる生き方を実践したい。

これから何に取り組むか？

現在手がけている技術の精度をもっと向上させ、商品価値の高い技術として完成させることを最優先に考えている。そして商品化を具体的に進める上で、信頼できるビジネスパートナー（コーディネーター）と出会いたい。

また私自身が各地の大学研究室に埋もれている先端技術を掘り起こし、商品化につなげたいと考えている。大学には先端技術を評価し、ビジネスコーディネートをする役割の人材がいない。非常にもったいないのが現状だ。各地の研究室から先端技術の商品化が進んでいけば、それは確実に地方創生の起爆剤になるはずだ。

そのためにも産学官民のつながりは、もっと深く、強いものになる必要があるだろう。技術に関する情報感度が高まり、ビジネスモデルを模索できる機会が多い、九州であって欲しい。技術ビジネスの種が芽吹きやすい風土が醸成されれば、多くの優秀な若いエンジニアが九州で良い仕事をし、心豊かに暮らせる。そして「技術立国・九州」が実現するはずだ。

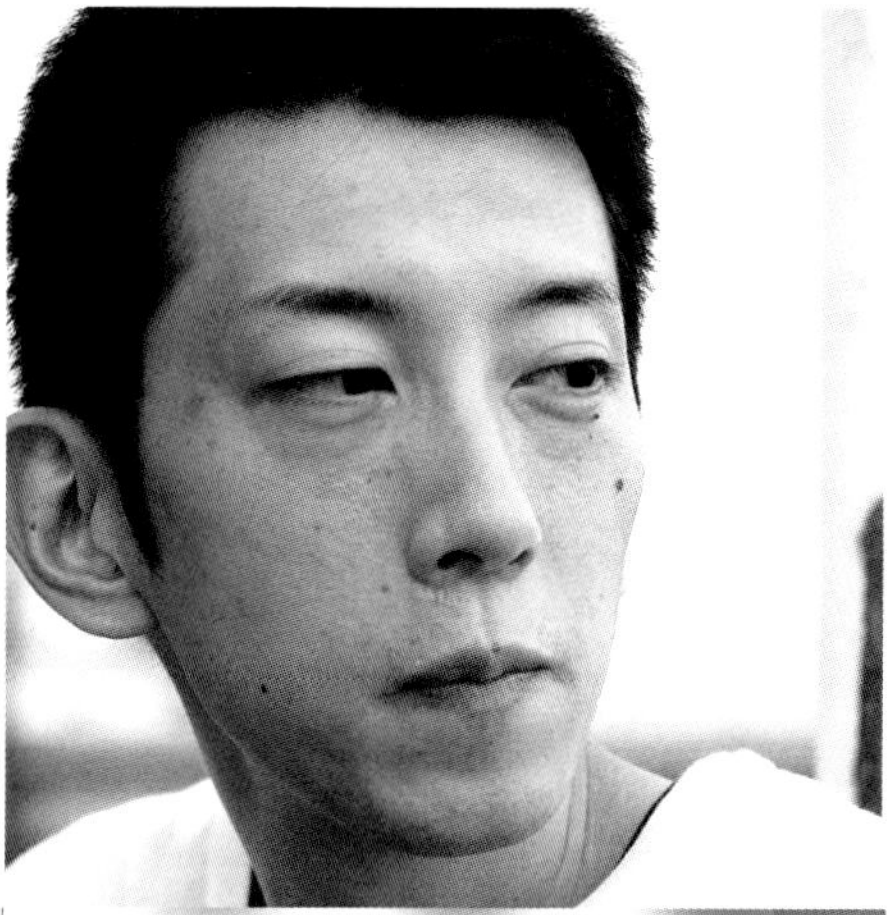

上）本人近影、下）新事業開発イベントでの一コマ

専門分野・得意分野
・バーチャルリアリティー、画像処理に関するプログラミング開発
実　績
・「Kinect for Windows Contest 2013」グランプリ受賞
・総務省「異能vation」事業一次選考通過(2014)
参加団体・コミュニティー・会合
・「日本Androidの会」福岡支部幹事
夢や思い
・ＩＴ技術による地方創生の実現」
今後の活動テーマ・フィールド
・ビジネスコーディネーションスキルの向上
主な経歴
1981年４月生、福岡市出身。九州工業大学大学院システム創成情報工学科卒業。株式会社ハウインターナショナルにてSaaS型学習塾経営統合システム「Anesta」や、Androidによる観光案内システム「アルカンネ」の開発に従事。独立して「four-dee」を設立後は、バーチャルリアリティー分野において、個性的なシステムの開発に日夜取り組んでいる。
現在付き合いがあり、一緒に活動している人物もしくは今後活動したい相手
・堀江貴文（実業家）、他多数

ＩＴ・デジタル

ＩＴという便利な道具で、多くの人の自由な時間を増やしたい

株式会社からくりもの　代表取締役　岡本豊

いま、何を手掛けているのか？

ｉＰｈｏｎｅの受託開発を手掛けている。最近では２０１３年12月にリリースされた西日本鉄道公式スマートフォンアプリ「にしてつバスナビ」を受託開発した。12年11月に自社開発した「バスをさがす福岡」というアプリが西鉄から評価され、同社から委託を受ける形でリニューアル。14年5月末段階で13万ダウンロードを超える人気アプリとなった。

高校2年の時、長野市でいじめに関するボランティア団体を立ち上げた。全国の仲間とネット上でやりとりをする中でプログラミングを一人で勉強して共用ツールを構築した。この時、本業以外の事務処理に時間を割くことに疑問を感じ、ＩＴを使って効率化できないかと感じたのが創業のきっかけとなった。30歳までに会社を設立すると決め、システム開発会社で3年間働き経験を積んだ。

２０１０年に独立した。近寄り難いプログラマーでなく、ＩＴを用いて生活を便利にする仕掛けを作る職人を目指すとの思いを込めて、屋号を「からくりもの」とした。

なぜ、福岡／九州でやるのか？

そのまま長野に残って創業することも考えたが、保守的な土地柄で新しいものを受け入れてもらえるか不安があった。東京は競合先も多い。福岡は旅行で来たことがある程度だったが、大名地区の飲食店やメディアによる情報発信プロジェクト「大名なう」やＩＴの勉強会のことは知っていたし、外から見ていて新しいものを試してみる雰囲気を感じた。子どもの頃から海外を含めて各地を転々としていたので、馴染みのない土地に行くことにも不安はなかった。

福岡に入って初日、「大名なう」で知っていた飲食店で食事をしながらつぶやくと、目の前にいた店長から「このツイートはあなたですか」と話しかけられた。その方にIT勉強会に誘っていただき、その日のうちに20人と名刺交換ができた。その後もさまざまな交流会や勉強会を紹介いただき、人脈が一気に広がった。外から来た人にやさしく、良い意味でおせっかい焼き。福岡の特徴はこうしたところにあると思う。

これから何を手掛けるのか？

ある企業の会長からiPadアプリの開発について打診をいただいた。当時はまだ誰も手掛けていなかった分野で、私も経験がなかったが「やれます」と即答してしまった。独学で勉強し2か月後に納品すると、依頼が入るようになった。

今後も引き続きアプリの受託開発に取り組みながら技術力と経験値を高め、ゆくゆくは自社開発にも力を入れていきたい。今はその実力をつける「筋トレ」をしている時期だと考えている。そのうえで将来的にはNPO関係の人たちとのつながりも深め、かつて自分が苦労したようなことを少しでも解消する「からくり」を作りたいと思っている。

上）本人近影、下）「にしてつバスナビ」の画面

専門分野・得意分野
・iPhone/iPad、Androidアプリケーションの受託開発

実　績
・西日本鉄道公式スマートフォンアプリ「にしてつバスナビ」
・デザイニング展（DESIGNING?）公式ナビゲーション

参加団体・コミュニティー・会合
・福岡情報技術サミット（FITS）

夢や思い
・一般市民や中小企業が行っている全国の〝草の根活動〟を支えていきたい

今後の活動テーマ・フィールド
・アプリの受託開発に取り組みながら技術力と経験値を高め、将来的には自社開発にも力を入れたい

主な経歴
1983年シンガポール生まれ。89年長野へ居を移す。2000年にボランティア団体「いじめから友だちを守る会」を立ち上げ、06年まで活動を続ける。10年に独立し福岡へ移住、個人事業として「からくりもの」を始める。iPadアプリの依頼を契機にiOSの受託開発が中核事業となる。2012年に法人化。

IT・デジタル

株式会社サイバーエージェント アカウントプランナー 木山美波

福岡だからできる成功体験を多彩な顔ぶれの仲間と創造したい

いま、何を手掛けているのか？

会社ではアカウントプランナーとして、インターネット広告ビジネスに携わっている。

個人的には、未来型の事業創出プロジェクト「イノベーションスタジオ福岡」2期生としての活動や、世界経済フォーラム（ダボス会議）の―33組織「グローバル・シェイパーズ」に参加し、いろいろな方とつながりながら未来型事業の芽を探っているところだ。

社会人2年目の給料で気軽に参加できるクラウドファンディングも、新たなビジネスの発掘という点で目が離せない。

仕事以外の活動は、自分の軸を確認できる大切な場と言える。

大学で哲学を専攻したせいか、とにかく私は議論好き（笑）。

自分の考えをアウトプットして他者の意見と融合させ、それが新たな領域へ広がり、深化することに醍醐味を感じている。

なぜ、福岡／九州でやるのか？

「福岡を良くしたい」という強い気もちが、常に行動の原点にある。

就職でも「インターネットが好き」「福岡が好き」という2点を軸に、勤務地もはっきり「福岡限定」と伝え、今の会社を選んだ。

インターネットでどこにいても世界とつながれる時代だからこそ、地方で成功体験を作ることに意味があると思っているからだ。

私の原体験の多くは福岡にあり、そこから未来の価値を創造する上で、福岡以外での暮らしは考えなかった。人が多い東京では、自分が埋もれてしまう気もする。

福岡の方が、東京ではなかなか会えない人に会いやすいと感じることさえある。見たいものや行きたい場所、会いたい人がいるのなら、週末東京に出かければ十分だ。

ＬＣＣの台頭で、行動範囲が格段に広がったと感じている。

福岡／九州の長所・短所とは？

食べものがおいしく、20代のお財布事情でも十分に楽しめる。

また魅力的できれいな女性が、たくさんいる街だ。

近年、移住希望者が増え続けているが、彼らが口にする福岡のさまざまな魅力に、地元の人が気づいていないのは残念だ。

またホスピタリティに欠ける男性と、我慢が習い性になっている女性が少なくないのも気になる。

もっと懐の深い大人の対応ができる男性と、快活に自己表現できる女性が増えれば、相乗効果で感性が磨かれ、素敵な人が増えると思うのだが。

どんな福岡／九州にしたいか？

全国から移住者が集まる街になって欲しい。

インターネットを通じて新しい暮らし方や働き方の提案が広がり、もっと風通しが良くなって誰もが「自分の居場所」を見つけられる街にしたい。

そのために私はもっと人と出会い、語り合い、さまざまな人や価値をつなげる存在になりたいと思う。

上／本人近影　下／2014年1月に開催された「明星和楽 2014 in 台北」での一コマ

専門分野・得意分野
・ＩＴおよびクリエイティブ、事業構築
・多種多様な人々とのコミュニケーション

実　績
・九州経済フォーラム周年事業「Q-con」発起人
・テクノロジー&クリエイティブフェスティバル「明星和楽」総合司会・プロデューサー

参加団体・コミュニティー・会合
・「イノベーションスタジオ福岡」（２期生）
・「グローバル・シェイパーズ」メンバー

夢や思い
・福岡をもっと楽しみたい

今後の活動テーマ・フィールド
・福岡へ世界中から人が集まり、明治維新のようなエネルギーが巻き起こる街にしていきたい

主な経歴
1990年12月生、福岡市出身。高校在学中に美容・健康イベントを企画。大学入学後もさまざまなイベントの企画運営やＭＣとして活動。就職後も本業のかたわら未来志向のプロジェクトに個人として積極的に参加。

現在付き合いがあり、一緒に活動している人物もしくは今後活動したい相手
・吉田 拓巳（ＶＪ　ＴＫＭｉ）
・川原あやか（お姫様プロデューサー）、他多数

IT・デジタル

WEBテクノロジーの仕事は、地方こそチャンス

株式会社モアモスト 代表取締役　河野忍

いま、何を手掛けているのか？

ＩＴ業界には、情報システムやソフトウェアの開発に際して海外の事業者や子会社に発注する「オフショア」、地方都市の企業に発注する「ニアショア」などの手法がある。いずれも開発コスト抑制が目的だが、当社は「ニアショア」の委託先として仕事を受けている。具体的には、関東の企業からホームページ制作、通販事業などのシステム開発を請け負う。

会社員時代に東京で築いたネットワークを通して仕事を受けることが多いが、クライアントの期待を上回る仕事をすることでリピートしてもらっている。

なぜ、福岡／九州でやるのか？

高校卒業後、東京および福岡のインターネット関連企業での勤務を経て、２０１１年に福岡で会社を設立した。翌年には出身地である大分市に本社を移した。

福岡の会社員で仕事をしていた時に3カ月間の東京出張があり、その時にどれだけの人に会えるか試してみようと思った。六本木にＩＴ関係の起業家たちが集まるバーがあり、そこで多くの人と出逢った。私より経験も実績もない人が自信に満ち溢れている。悩みや相談も気軽に聞いてくれる人もでき、自分でも起業できるのではないかと思うようになった。

多くのメンター（指導者・助言者）がいて刺激を与えてくれるのが東京の良さであるが、地方都市の場合それがない。また地元には上昇志向を持つ企業や経営者が少ない。今でも月の半分は営業活動のため東京に行っているが、そうした地方都市の停滞感から抜け出し、気持ちを奮い立たせる意味もある。

ただ、福岡はまだ東京に近いとこ

ろがあり、創業特区などの動きの中でコミュニティが生まれ、起業の街としての雰囲気が出てきていると感じる。

これから何をやっていくのか?

WEBテクノロジーの仕事は地方の企業こそチャンスだと思う。実際、当社はニアショア開発の受託で事業が成立しているし、まだまだ需要があると感じている。東京での営業活動に力を入れ、受注を増やして社員を数百人規模まで増やしていきたい。そのためには技術者の育成が不可欠で、これは時間をかけて取り組まなければならない。それでも人が集まることで、新たなビジネスが生まれる可能性も出てくる。

大分に本社を構えている以上、この街で雇用を生み出し地域を元気にしたい気持ちが強い。今は開発コストを抑える目的で当社に仕事を発注していただいているが、今後は技術力で、もっと評価される企業を目指したい。そうすることで受注価格を上げ、社員の生活水準も充実させていきたい。

「大分といえばモアモスト」と言われるように、地域社会から評価され、大分のシンボリックな企業になるのが目標だ。

上)本人近影、下)オフィスでの打ち合わせ風景

専門分野・得意分野
・ホームページ・通販サイト構築、顧客管理・CMS等のシステム開発

実　績
・東京を中心とした企業のシステム開発

参加団体・コミュニティー・会合
・グローバルシェイパーズ福岡ハブ
・How's life？

夢や思い
・大分での雇用創出を通した地域活性化。社員がランチに出るだけで周辺の飲食店が潤えば、おのずと周辺にも店や賑わいが出てくる。

今後の活動テーマ・フィールド
・受託事業と並行して自社メディア事業にも取り組んでいきたい。具体的には創業時から温めていた「ペット全般に関する情報を総合的にサポートするポータルサイト」の構築

主な経歴
大分市出身。高校卒業後、東京、福岡のインターネット関連企業を経て、2011年福岡で株式会社モアモストを設立。翌年、大分市に本社を移転する。

現在付き合いがあり、一緒に活動している人物もしくは今後活動したい相手
・大分にある地銀
地域活性化には地元金融機関との提携が欠かせないため

REPORT

ヤフオクドームがエキサイティングに生まれ変わる

外野にフェンス新設、内野にペア席、スーパーボックス改装etc

福岡ヤフオク!ドーム

SMBC日興証券ダブルシート

工藤公康新監督の下、連覇を目指す福岡ソフトバンクホークスの本拠地、福岡ヤフオク!ドーム(ヤフオクドーム)がリニューアルして、装いも新たにお目見した。

外野フィールドは、両翼１００ｍを維持しながら、既存の外野フェンスの前方に高さ４・２ｍの新フェンスを設置した。新たな設けたゾーン内に観戦エリア席『ホームランテラス』を新設した。外野手を間近に見ながら、エキサイティングな野球観戦が楽しめる。今回の大改修は、球団オーナーの孫正義氏からの発案だったという。

また、内野席には『内野ダブルシート』が、新たに登場した。一人ないしペアでのゆったりとした観戦が可能となっている。

一方、貴賓室・スーパーボックスの４階部分を『ＨＡＷＫＳ　Ｐｒｅｍｉｕｍ　Ｓｕｉｔｅ』として、全面リニューアルした。

さらに球場の照明について、球界初のＬＥＤを採用した。地球にやさしい省エネ効果に加え、素早く点灯・消灯できる特性を生かして、各種セレモニーやイベントでの演出効果も高めている。

今年も白熱した熱戦が繰り広げられるであろう福岡ヤフオク!ドームは、これまで以上にエキサイティングな球場へと生まれ変わっている。

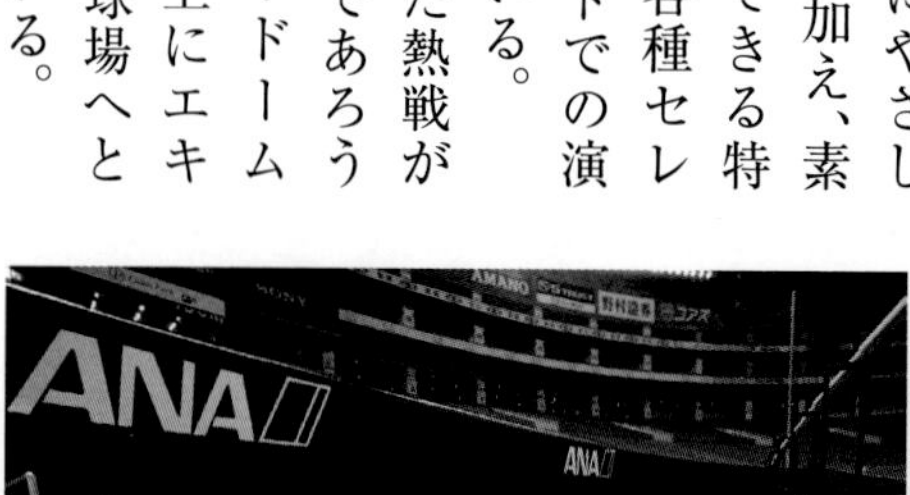

ANAホームランテラス(ライト側)

SANKYUホームランテラス(レフト側)

REPORT

都心近くで水上スポーツレースを楽しめるボートレース福岡

収益金で公共施設を整備、市民生活の向上に寄与

福岡市・天神から海側へ徒歩15分で行けるボートレース福岡（福岡競艇）は、エキサイティングな水上スポーツレースを楽しめるレジャー施設だ。

水上での熱戦を一望する中央スタンドは明るく開放的な設計。全館分煙化などで快適空間として好評だ。レストランやカフェテリア、女性こどもルーム、芝生広場もあり、安心して遊べるアミューズメントスポットでもある。

迫力ある熱戦が連日、繰り広げられています

地域に貢献するボートレース福岡

平成23年4月に新設した外向発売所「ペラボート福岡」は、年間約350日の昼間・ナイターのレースを発売して、ファンに人気だ。

ペラボート福岡の売り上げは好調で、ボートレース福岡は平成23年度から3年連続で、発売場別売り上げ第1位を獲得した。

昭和28年9月に開設したボートレース福岡は平成25年度までに累計で、収益金のうち2751億円を福岡市に繰り出している。これらの収益金は、小・中学校などの教育施設、道路整備、保健福祉施設、住宅施設などの公共施設の整備に充てられ、市民生活の向上に大きく寄与する。

また、ボートレース福岡での年間開催分のうち24日間は、福岡都市圏（福岡市を除く）主催で開催され、その収益は都市圏共通の課題に取り組む事業に活用されている。エキサイティングな水上スポーツレースを楽しめる都市型レジャー施設であるボートレース福岡は、地域社会に貢献している。

ピクニック気分でレース観戦も

「プレミアムＧⅠクイーンズクライマックス」
福岡市で開催！　開催期間：平成27年12月28日(月)～31日(木)

http://www.fukuoka-kyotei.com/

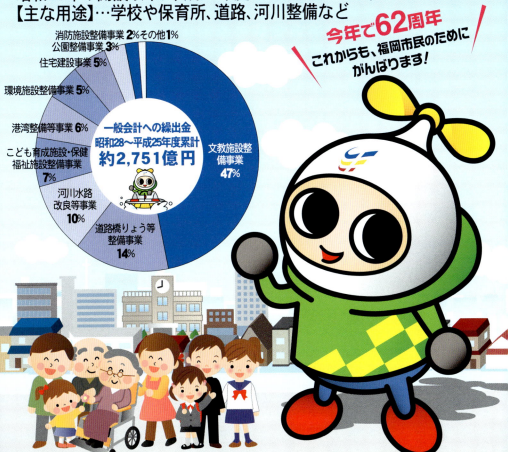

電話帳から地域とくらしの情報メディアへ

新『タウンページ』が福岡県内に今年９月デビュー

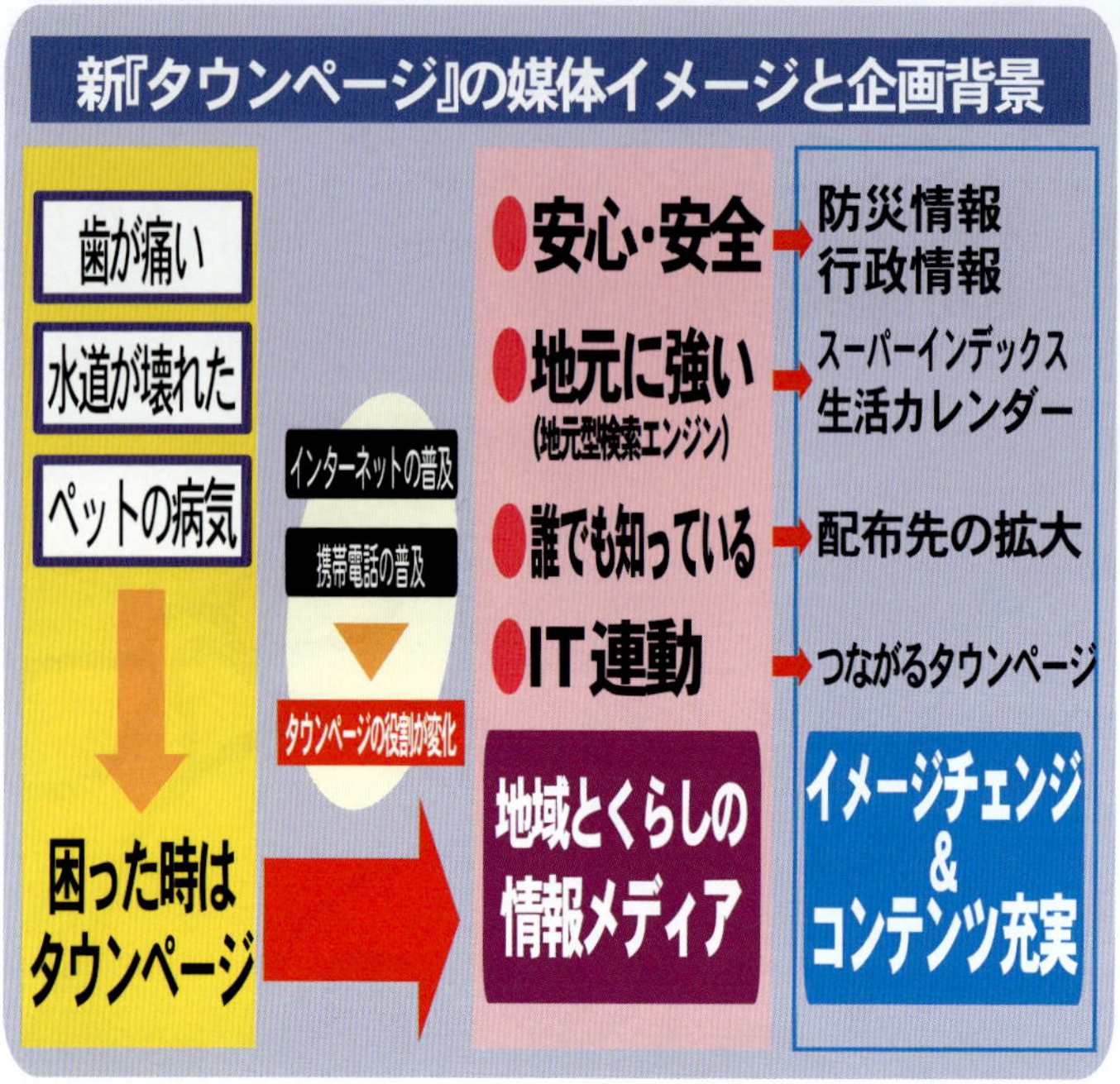

従来の電話帳のイメージを一新して、〝開いていただく〟〝使っていただく〟《地域とくらしの情報メディア》へ――。

福岡県内の『タウンページ』は今後、ご利用者の利便性をさらに向上させて、広告主様の商売繁盛に役立ちながら、多様なニーズに対応した地域とくらしの情報を提供する。

現在、福岡県内の９エリアで配布する『タウンページ』は発行部数約１３４万２千部、総ページ数にして７２００ページの情報量を誇る。新たに〝地域とくらしの情報メディア〟へと生まれ変わる新『タウンページ』の企画・編集に際しては、地元の有識者で組織した『ＮＴＴタウンページアドバイザリーボードin福岡』で議論を重ねてきた。

新『タウンページ』は福岡県内で今年９月に第１弾、来年９月の第２弾を完成版として、二段階に分けて発行する。

今年９月発行の新誌面・第１弾では、表紙デザインや紙色を従来、黄色を基調としたタウンページカラーから白色へ一新する。表紙デザインは、タウンページで笑顔でつながるイメージ

福岡県の新『タウンページ』＝地域とくらしの情報メディア

第1弾 今年9月発行！

◎表紙デザイン刷新
　～スタイリッシュに～
◎誌面が黄色から白地へ
◎広告サイズのシンプル化
◎つながるタウンページの利用拡大
　～広告画像認識サービス～
◎防災特集　掲載
　～「いざという時に生き延びる～

別冊『防災タウンページ』を同封配布
※福岡市・北九州市
～避難所マップ、緊急発生時の
連絡先や集合場所を掲載～

第2弾 来年9月発行！

◎スーパーインデックス
　～利用場面に応じて検索できる～

◎生活カレンダー
　～家庭行事や日常イベントに活用できる～

◎地域特集
　～福岡の地域特性を生かした
　特殊企画でより身近な情報誌へ～

◎福岡で生活する多くの方々に
ご利用頂けるよう配布

※つながるタウンページのご利用には、インターネットに接続する必要があります。
※「つながるタウンページ」アプリのご利用は無料ですが、ダウンロードにかかる通信料はご利用者のご負担となります。
※通信状況および機種によっては動作しない場合があります。

とする。また、従来の広告規格を見直して、ご利用者にとって見やすく使いやすい誌面構成にしていくことで媒体力を高めていく方針だ。一方、ご利用者からのお問い合わせの多い行政情報も分かりやすく掲載していく他、近年、各地で発生する災害の現状を踏まえ、防災情報を掲載する。「いざという時に生き延びる」をコンセプトに、被害を最小限に抑える備えや発生時・遭遇時の対応を具体的に紹介する。防災情報の掲載で利用頻度を向上させて、媒体価値の向上を図った。

また、新たに別冊『防災タウンページ』を福岡・北九州両市内でタウンページと一緒に配布する。緊急事態発生時の連絡先や集合場所、安否確認手段、応急手当などの情報や体験談を掲載していく他、避難所マップも提供する。

先行して新誌面を採用した『甲府市版』では、別冊『避難所マップ』を発行し、その後実際に起きた雪害時に注目をあびた。

来年9月発行の第2弾・完成版は、新『タウンページ』のキラーコンテンツである防災情報に加え、ご利用者が使う場面に応じて検索できる『スーパーインデックス』、家庭行事や日常イベントに活用可能な『生活カレンダー』、福岡の地域性を生かした特集で構成して、NTT西日本の電話回線ご利用者以外への配布も検討する。

アジアのリーダー都市へ
FUKUOKA NEXT

無料
FREE

福岡市内のいろいろなところで使えます

駅
Station

他多数
And many others

公共施設
City hall

空港
Airport

ホテル
Hotel

日本語 / English / 한국어 / 中文（简·繁） OK!

〈お問い合わせ先〉福岡市市長室広報戦略室広報課
TEL 092-711-4827　FAX 092-732-1358
E-MAIL koho.MO@city.fukuoka.lg.jp

FREE

FUKUOKA CITY

Wi-Fi

SSID ▸ Fukuoka_City_Wi-Fi

詳しくはこちら！
For More Information!

Fukuoka City Wi-Fi

日本語

English

F O R U M F U K U O K A

福岡／九州の未来をデザインする
【パブリック・アクセス誌】

隔月刊
奇数月末
発 行

フォーラム福岡

MEDIA GUIDE

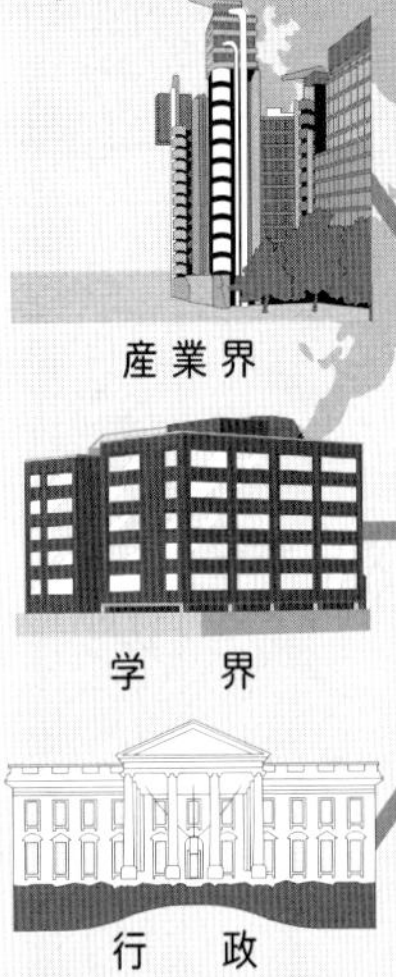

フォーラム福岡…
《福岡/九州の未来をデザインする》を目的に産学官で構成された任意の研究会です。福岡/九州にとってよりよい未来を創り出していくために様々な課題やプロジェクトに焦点を当て、多面的かつ建設的に問題提起をしていきます。

『フォーラム福岡』編集委員会
代表 原 正次(九州経済連合会参与)
委員 出口 敦(東京大学大学院新領域創成科学研究科教授)
委員 坂口光一(九州大学大学院統合新領域学府教授)
委員 田村 馨(福岡大学商学部教授)
委員 後藤太一(リージョンワークス合同会社代表社員)

事務局＆編集・発行
Project Fukuoka プロジェクト福岡

「フォーラム福岡」流通経路

販売先および納入先	部 数(割合)
書店・ローソン	2,000部(20%)
福岡県庁・福岡市役所	2,700部(27%)
地元大手企業	1,950部(20%)
中小企業・団体	340部(3%)
議員関係	100部(1%)
県市町村(九州)	116部(1%)
マスコミ関係	100部(1%)
一般読者(含定期購読)	2,694部(27%)
合 計	10,000部(100%)

「フォーラム福岡」発行地域

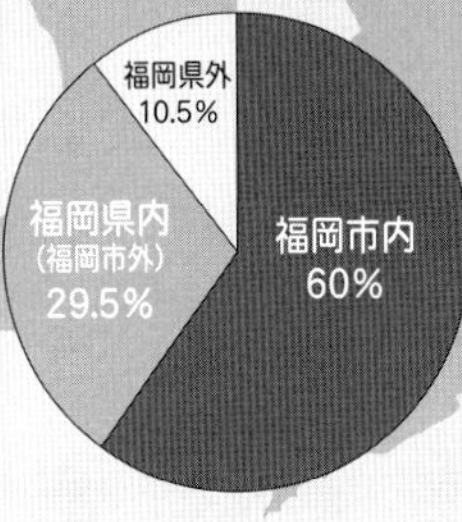

「フォーラム福岡」一般読者データ

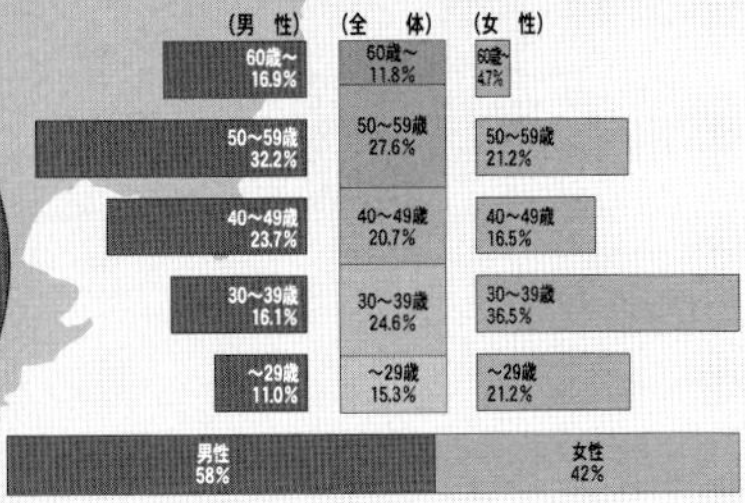

IT・デジタル

オフラインでスマートフォンが使える登山用アプリ「ヤマップ」を開発

株式会社セフリ 代表取締役　春山慶彦

いま、何を手掛けているのか?

登山で使えるスマートフォン用アプリ「YAMAP（ヤマップ）」を開発し、2013年3月からサービスを始めた。

ヤマップは、携帯電話の電波が届かない山の中でも、スマートフォンに搭載されたGPSを活用し、現在位置を確認できる。専用のGPS機器は3～10万円と高額だが、ヤマップはそれをスマートフォンで代用できる。

アプリで地図として活用する以外にも、事前に地図をダウンロードし出力すれば、紙の地図としても活用できる。地図情報に加え、登山のルートや時間もわかる。さらに、撮影した写真や感想などを保管、アプリユーザーと共有することもできる。

アプリのダウンロード数は10万件、地図のダウンロード総数は40万ダウンロードで、月間ページビューが210万ページビューと、登山・アウトドアのジャンルでは全国的なサービスでもトップの一つになった。

なぜ、福岡／九州でやるのか?

東京は、面白い人も多いし仕事もたくさんある。仕事環境としては申し分ない。

東京に比べれば、ビジネス環境は劣るが、東京でヤマップの開発をやっていたら、早々にダメになっていたかもしれない。人や情報が多いのは魅力でもあるが、一方で雑音も多い。

少し上手くいかなくなると、流行っているものにすぐに乗り換えられる環境にあるし、それを周りからも求められる。

そういう環境から距離を置いて、自分達のサービスの本質を追求し、粛々と仕事に集中できたのは福岡を拠点にしたからだと感じている。

どこで仕事をしようが本気でやれ

ば世界で通用することができるということを実績として見せることで、次の世代の人達に勇気を与えることができるということを伝えたいという思いがあった

これから何をやっていくのか?

今は登山・アウトドアにフォーカスを絞っているが、今後は、日本の自然と町の文化、見どころ、『食』、そういったものをセットで紹介する観光地図をつくっていきたいと考えている。

例えば、湯布院を例に挙げると、観光客の大半は町の一部を楽しんだだけで湯布院を体感したと思う。しかし、湯布院の町を俯瞰すると、由布岳がある。里山もあって農業体験もできる。湯布院の良さをもっと伝えることで、滞在する人を増やすことができる。

これは、日本全体に言える。日本は文化、歴史の厚みがあるので、地域観光はどこでもつくれる。

オフラインで使えるというのは、電波に依存しないから外国人に喜ばれるため、今後は外国人にも使ってもらえる地図も提供する。

海外地図もリリースする。まずは、ハワイ、台湾など自然と町のバランスが良いところに絞って出していく予定だ。

上)本人近影、下)グッドデザイン賞受賞・ベスト100に選出されたアプリ「YAMAP」

専門分野・得意分野
・スマートフォンGPSの活用

実　績
・グッドデザイン賞受賞・ベスト100選出・特別賞「ものづくりデザイン賞(中小企業庁長官賞)」受賞(2014年)、2013アジアデジタルアート大賞「エンターテイメント(産業応用)部門」優秀賞など

夢や思い
・九州の魅力を自然も含めて国内外に発信し、九州の風土をもっと豊かにしたい

今後の活動テーマ・フィールド
・自然と文化をセットに紹介する観光地図を通して滞在型観光を推進し、地域経済に貢献する

主な経歴
1980年生、福岡県春日市出身、同志社大学卒業後、アラスカ大学フェアバンクス校中退。株式会社ユーラシア旅行社『風の旅人』出版部を経て、2013年3月株式会社セフリ設立。

IT・デジタル

AIP（高度IT人材アカデミー）事務局長　村上純志

ITとコミュニティー力も生かして、地域の課題解決に取り組む

いま、何を手掛けているのか？

福岡県の『ふくおかギガビットハイウェイ構想』に伴って、日本初のNPOによる高度IT技術者の育成機関として誕生したのが、『AIP（高度IT人材アカデミー）』だ。

AIPでは、『人材育成＝知識×経験×人間性』と考えており、教育・ビジネス・コミュニティー支援という観点からIT人材育成に取り組んでいる。私は、このうち主にコミュニティー活動の支援や会員向けスペースのAIP Cafe運営などを担当する。

コミュニティーとは、インターネット上やリアルに集まることでコミュニケーションが生まれる場だ。まちがコンパクトな福岡では、コミュニティー内でも仲間が素早く集まることができ、スピーディにやれる点は、強みの一つになっている。

なぜ、福岡／九州でやるのか？

大分で生まれ、12歳の時に福岡県春日市へ移り住んだ。福岡本社のIT企業に就職して、4年間の東京暮らしを経験した。刺激の多い東京での生活も魅力的だったが、地元が福岡だったこともあり、福岡へ戻って来た。その後、いまの仕事に就いた。

活動を続ける中、気の合う仲間と出会えたことで福岡／九州を中心に色々とチャレンジすることが出来ていると思う。

現在、活動の場所は福岡を中心としているが、福岡にこだわらず日本、海外、ネット上も含めて自分が面白いと思うことがやっていければと考えている。

また、活動内容についてもコンパクトな福岡は様々なクリエイティブな人に出会う機会が沢山あるので、そのような方々とITを交えることで新しいことにチャレンジしたい。

これから何をやっていくのか？

今年5月から、人口減少や高齢化などにともなって発生する地域問題に対して、ITを積極活用しながら、住民有志で解決していくプロジェクトを立ち上げる。

具体的には、地域住民が抱える課題を投稿してもらう。そして、サイト上にマッピングしていくことで地域課題の『見える化』を図る。このリサーチ結果を踏まえて、課題解決に関心や興味を持つ人やスキル・ノウハウを備えた人材でプロジェクトチームを立ち上げていく。活動資金についてはクラウドファンディングで調達する仕組みだ。

昨年、横浜で『LOCAL GOOD YOKOHAMA』としてパイロットプロジェクトが発足した。私たちは福岡市で立ち上げ、同時期にスタートする北九州市と武雄市とも連携していく。このLOCAL GOODプロジェクトでは、ロールモデル化を考えており、課題や解決策、人材、スキル・ノウハウなどの必要な情報をデータベース化する。

従来のトップダウンでなく、ボトムアップによる地域課題の解決に向けてコミュニティー力も生かしながら、地域密着で取り組んでいく考えだ。

上）本人近影、下）『明星和楽』の立ち上げに際しても支援した

専門分野・得意分野
・プロジェクト立ち上げなどの相談を受けることが多く、相談窓口やハブ的な役割を担う
実　績
・明星和楽の立ち上げ（オルガナイザーの一人）
・スタートアップカフェの運営（アンバサダー・コンシェルジュ）
・Code for Fukuoka
参加団体・コミュニティー・会合
・LOCAL GOOD FUKUOKA
・Code for Fukuoka
夢や思い
・知らないことを知りたい
今後の活動テーマ・フィールド
・LOCAL GOOD FUKUOKAの立ち上げや明星和楽などの内容拡充
主な経歴
1977年2月4日生、大分県出身。デジタルハリウッド福岡校を卒業後、システム管理者として在籍後、福岡のシステム開発会社に転職。約4年間、東京でSEとして従事後、NPO法人『高度ＩＴ人材アカデミー（ＡＩＰ）』に転じる。

ビジネス

ビジップ株式会社 代表執行役社長　尾方里優

ビジネスに携わる機会を創出し、若年層のキャリア開発を支援

いま、何を手掛けているのか?

昨年4月から次世代リーダーの育成に力を入れているナレッジネットワーク株式会社に入社、同時にビジップの代表に就任した。

大学生が社会で通用する人材となれるよう環境や機会を提供し、個々人の成長を支援している。大学生の多くは、企業との接点が希薄なため、学生時代とのギャップの大きさに戸惑う。

当社は、実際に企業のプロジェクトやビジネスの現場に学生が携わる機会を創出している。セミナーやイベントなどの企画や運営に学生が加わる。

企業が企画したものに参加する場合もあれば、学生が自分達で企画から運営まで手掛ける場合もある。そうした現場を体験することで反省や工夫、進歩が生まれ、学生自身が大きく成長するきっかけとなる。企業にとっても優秀な学生と接点を持つ機会を持つことができる。

また、営業力をテーマにした「ソリユーション大学」やプログラミングをテーマの「プログラミング大学」、創造性をテーマにした「クリエイティブ大学」などのセミナーを開催し、知識やスキルを身に付けるサポートをしている。

なぜ、福岡/九州でやるのか?

学生時代、1年間休学して東京の企業2社でインターンシップを利用して働いた。その後、福岡に戻ったが、学生がビジネスに携わり、社会に挑戦できる場がないことに気づいた。

その頃、NPO法人学生ネットワークWANという団体を知り、所属して学生支援の活動をはじめた。そこで、団体を運営するナレッジネットワークの森戸代表と出会う。「学生が自立した人間になれるよう支援したい」という自分の思いを受け入

れてもらい、事業化するためにビシップの代表として活動を始めた。

環境やきっかけがあれば、社会で活躍できる人材が福岡にはたくさん埋もれている。

私はWANとの出会いがあって、この事業に携わることができた。だから、この福岡を拠点に学生が社会に挑戦し、成長できる環境を整えたいと考えている。

これから何をやっていくのか?

私たちの活動は、着実に学生や企業から認知され、参加数も増えてきた。今後は、様々な業界や、サービスとの連携を進め支援する企業の幅を広げると同時に、学生たちの経験の場も強化をしていく。

直近では、人材調達の第3の矢と言われているクラウドソーシング事業や、近年注目を集めているクラウドファンディング事業と連携し、企業と学生と共同で新しいビジネスを作り出していくプロジェクトを開始する。

これまでつくり上げてきたビジネスモデルは、全国に展開できると考えている。一般社団法人日本中小企業情報化支援協議会(JASISA)と連携し、支部を中心に拠点展開するスキームを組み、拡大を進め、年内には2、3拠点を開設する。

上)本人近影、下)BizShipCollege クリエイティブ大学での集合写真

専門分野・得意分野
・インターンシップ企画/人材採用支援
・人材育成計画策定/キャリア設計
・イベント企画・運営

実　績
・大手外資系企業インターンシップ企画・運営
・GlobalLederSummit企画・運営
・経済産業省:新しい働き方事業事務局

参加団体・コミュニティー・会合
・NPO法人学生ネットワークWAN
・九州経済産業局交流プラザ
・Startup Weekend Fukuoka

夢や思い
・一人ひとりが自らを活かし、社会に貢献できる仕組みを創る

今後の活動テーマ・フィールド
・次世代人材育成、働き方の変革
・企業活性化支援

主な経歴
1990年1月17日生、福岡市出身。九州大学芸術工学部卒業。大学時代に休学し上京。経営コンサル企業で7カ月インターンシップ後、ベンチャー企業の立ち上げに参画。帰福後、NPO法人学生ネットワークWANの活動に参画し2014年4月大学卒業と共にビジップ社長として事業開始。

ビジネス

売れるネット広告社 代表取締役 加藤公一レオ

九州の「人材」と「コンテンツ」を武器にネット広告で海外展開

いま、何を手掛けているのか？

通販のインターネット広告に特化し、通販会社を中心に「結果を確約する」コンサルティング会社を経営している。

大手広告会社の九州支社で、ネットビジネスを軸としたダイレクトマーケティングを手掛けてきた。九州は、健康食品や化粧品などに特化して通販事業を行い、年商100億円以上を売り上げる通販会社が多い「通販王国」だ。そうした企業との仕事を通して「どうすればネット広告の反応が上がるか」「売れる仕組みが作れるか」を徹底的に追求してきた。

そのノウハウをもとに5年前に起業し、これまで通販事業に取り組む日本の主要大手メーカーのうち約7割でコンサルティングを行ってきた。営業は一切せず、成果を出すことで仕事が広がっている。

なぜ、福岡／九州でやるのか？

福岡は住みやすく私も好きな街だ。さらに、これまでのネットワークと顧客先となる通販会社が多いこともあり、福岡で起業するのは必然だ。

通販に特化した事業展開をする企業は九州が中心だったが、ここ数年は大手メーカーを中心に通販事業に参入する企業が全国的にも増えた。そこで通販の先進地域である九州のノウハウが必要とされており、当社の取引先は現在、約9割が関東・関西の企業だ。支店経済と言われる九州だが、通販ビジネスに関しては圧倒的なノウハウと実績があり、その資産を使って「外貨」を稼いでいる状況だ。

九州でビジネスをする理由として「人件費を抑えられるから」という声も耳にするが、私の考えはまったく違う。九州は熱い思いを持った優秀な人材が集まる地域だ。新卒採用を始めて今年で3年目となるが、新卒社員はこれまで全員が九州出身だ。九州ではネット広告分野における当社の知名度が高く、次々と新しいことに取り組むベンチャー企業ということもあり、意欲のある学生が応募してくれる。そういう若手と一緒に夢を追い、東京や海外に出ていく「ドラマ性」を経験できるのが、九州でビジネスをする醍醐味だと思う。

これから何をやっていくのか?

２０１７年にアメリカの拠点開設を予定している。アメリカでは最先端のネットテクノロジーでは太刀打ちできない。しかし、一度接点を持った顧客と細やかなコミュニケーションをとりながら商品を紹介・販売し、フォローする日本型単品リピート通販ビジネスは日本人が得意とする「おもてなし」精神で勝負できる。商品売り切り型の海外通販市場で、このビジネスモデルは広く受け入れられると確信している。

最近は創業支援も充実しているが、起業にあたってはあまり行政を頼らない方がよいと思っている。資金面も含めて自分で計画を立て、すべてを引き受けて事業に取り組んだ先に、成功はあると思う。

上)本人近影、下)福岡市早良区百道浜にある『売れるネット広告社』本社オフィス

専門分野・得意分野
・通販に特化したネット広告コンサルティング

実　績
・国内主要メーカー系通販の約７割と取引実績
・「アドテック東京」公式カンファレンスなどで人気スピーカー1位

参加団体・コミュニティー・会合
・九州インターネット広告協会（初代会長）
・アドテック九州

夢や思い
・ベンチャー企業として夢やロマンを追求しながら、大手広告会社や上場企業を上回る高い給与水準を確立する。「ベンチャー」を名乗りながら夢やロマンがなければ、ただの零細企業だ。

今後の活動テーマ・フィールド
・2017年をめどにアメリカに拠点を開設し、海外での事業展開をスタートさせる

主な経歴
1975年ブラジル・サンパウロ生まれ、アメリカ・ロサンゼルス育ち。西南学院大学卒業後、三菱商事に入社。その後、広告会社（Havas Worldwide Tokyo、アサツーディ・ケイ）に移り、インターネットを軸としたダイレクトマーケティングに従事。2010年3月、売れるネット広告社を設立。「アドテック東京」など講演多数。著書に『ネット広告&通販の第一人者が明かす100%確実に売上がアップする最強の仕組み』など

ビジネス

福岡から世界中のこどもたちに愛されるプロダクト開発を目指す

スタートアップ・プランニング 代表　久保山宏

いま、何を手掛けているのか?

任意団体から中小企業まで、事業計画作成、業務整理、組織改革などをサポートしている。

様々な事業は進行と共に複雑になり、それに伴って新たな展望や課題が生まれてくる。そこで、現場に入り、経営者や担当者と一緒に、会社の強みや新規事業への思いをまとめたり、業務の流れを整理したりしている。何かをしたい、どうにかしたいと思っていることを「見える化」することが仕事だ。

また、教育にも強い関心があり、実験教室のような小学生向けの体験型ワークショップの設計・運営を行っている。他にも中学生向けの起業家教育の授業設計・運営などにも取り組んでいる。

なぜ、福岡／九州でやるのか?

福岡で生まれ育ったが、特定の場所へのこだわりはそれほどないと思っていた。しかし、就職活動の中で他の地域を訪れた時、福岡に対する愛着を持っていることに気づき、友人が県外に出て行く中で、福岡に残って面白いことができないかと考え始めた。

福岡は現在、何か新しいことにチャレンジしようという機運が高まっている都市であり、福岡市も国家戦略特区構想で創業支援を打ち出している。スタートアップカフェを開設し、様々なセミナーの開催や相談対応などの取組みも活発だ。

今後、新しい事業を立ち上げようと検討している自分にとっては、このような機運は追い風だと思っている。福岡から世界に通用する事業を作りたいと考えている。

これから何をやっていくのか?

昨年、市民発のイノベーションを起こそうという「イノベーションスタジオ福岡」というプロジェクトに参加した。

プロジェクトでは、約半年をかけてリサーチから商品の試作までを経験した。その時の経験やアイデアがきっかけで、子ども向けの新しいハードウエアの開発を決意した。

私には3歳と生まれたばかりの子どもがいる。子どもたちの将来を考えると、テクノロジー教育は必須になるだろう。ただ、スマートフォンやタブレットでは、四六時中ディスプレイを見ることになる。これは大きな課題だ。幼少期は、その後の発達のためにも、身体を動かすことが重要である。

そこで、LEGOのようにシンプルで創造的な構造を持ったものに、センサーやLEDなどを組み込んだ組み立てキットを開発している。自宅や公共施設、保育施設等において、それらを使うことで、子どもたちがテクノロジーに触れながら、身体を使ったインタラクティブな遊びを自分たちで作れるようになることを目指している。

今は、試作を繰り返しながら、事業計画を練っているところだ。法人設立のタイミングも計っており、一年以内の製品化を目指している。将来、世界中の親子に愛されるプロダクトを提供できる存在になりたい。

上)本人近影、下)イノベーションスタジオ福岡での発表

専門分野・得意分野

・計画や業務の整理、ワークショップ設計

実　績

・各種補助金獲得やビジネスプランコンテストでの入賞など、事業計画づくりを通してサポート。福岡市の起業家教育事業の授業設計・当日の進行などを担当

参加団体・コミュニティー・会合

・イノベーションスタジオ福岡

夢や思い

・プロトタイピング文化(まずは作ってみる)を福岡、九州に根付かせたい

今後の活動テーマ・フィールド

・世界中の子どもたちの創造性や体験を育む商品・サービスを福岡から発信

主な経歴

1982年生、福岡県糟屋郡出身。九州大学大学院工学府博士課程(物質プロセス工学専攻)修了。大学教員として大学間連携の立ち上げや教職員向け研修プログラムの開発に従事。その後、厚生労働省の地域雇用創出事業の地域コーディネーターを経て、2013年9月にスタートアップ・プランニングとして独立。現在に至る

ビジネス

トライシンクグリッド モノコンポーザー・デザイナー 小嶋健一

「モノづくり」を総合的に企画、福岡のプロダクトの品質向上を図る

いま、何を手掛けているのか?

ライフスタイルツールを中心としたプロダクトデザイン（製品デザインの応用意匠）を様々な視点からプロデュースしている。商品の企画・デザイン・製造にとどまらず、商品を売るための流通・販促まで総合的に提案する。プロダクト（モノ）のマルチクリエイターという意味を込め、自分の職種を「モノコンポーザー（物の作曲家）」と位置づけている。

いくらよいモノを作っても、例えばチラシの出来が悪いと商品自体の価値も落ちてしまう。そうならないよう、商品とカタログ・ポスター・パッケージのイメージが一致するよう商品情報を管理、編集している。その一環として、2013年9月に福岡市中央区警固に生活雑貨のセレクトショップをオープンした。企画した商品を店頭に置くことで、顧客の反応を間近にみることができる。

最近では古賀市の増田桐箱店という老舗で「k·i·r·i·hacoプロジェクト」を立ち上げた。桐製の米櫃など、素材と機能を追求しながら現代のライフスタイルにあった商品を企画している。

なぜ、福岡／九州でやるのか?

富山の大学でアルミや輪島塗など工芸技術とプロダクトデザインを学んだ後、独立を前提に地元の紳士洋品企画メーカーに就職。この時、「立山連峰」（立川）や「ホタルイカ」（滑川）などの地域モチーフのテキスタイルデザインによる〝富山県ご当地ネクタイ〟をプロデュースするなど全国の地域活性化にも携わった。

独立に際しては東京も考えたが、東京はよくも悪くも商売に対してドライであり、次の仕事につなげていくのが大変だと思った。福岡は家賃も安く起業しやすい。ただ、人とのつ

ながりが強い分、どこかに所属していないと仕事をとりにくい面はある。特にデザインやプロダクトを外部に委託することは少ない。例えば大川家具のデザインであれば、製造会社のインハウスデザイナーか、地元の家具関連のデザイナーがほとんどだ。

実際、福岡に戻ってきてからしばらくは富山時代の人脈による仕事から販路を広げた。幸い福岡県産業デザイン協議会との接点があり、徐々にネットワークを広げることができた。

これから何をやっていくのか?

福岡はプロダクトデザインに関わる人材も少なく、メーカーのデザインを取り入れたものづくりがあまり普及していない。ただ福岡には食品や工芸など、伝統と技術を持つメーカーが数多く存在する。その原石を磨き、数多くの人に伝えるお手伝いをしたい。

そのためには、デザイナーの自己満足的な商品でも、企業が技術をアピールする商品でもなく、生活者の立場に立つことが大切だと考えている。ライフスタイルに合わせて、身近な商品のデザインと機能を高めていきたい。そして県外から来た人から、「福岡の商品は日用品に至るまでデザイン性が高く使いやすい」と言われるようになりたい。

上)本人近影、下)小嶋さんの生活雑貨のセレクトショップ『福岡生活道具店』

専門分野・得意分野
・プロダクトデザイン
実　績
・全国のご当地ネクタイの企画
・エビス味噌(飯塚市)のトータルブランディング
・増田桐箱店『kirihacoプロジェクト』(桐製米櫃など〝見せる収納アイテム〟)
参加団体・コミュニティー・会合
・福岡県産業デザイン協議会
夢や思い
・どこでもあるような商品のデザイン性、機能を高め「博多のプロダクトはいい」という認知を広げる
今後の活動テーマ・フィールド
・地元で広く認知・評価される商品を作り、主要政令指定都市で販売する
主な経歴
福岡市出身。富山において大学在学中からフリーランスデザイナーとして企業の商品デザインなどを手掛ける。2010年、福岡に戻り、父親のデザイン会社『トライシンク』のデザイン事業を引き継ぐ。福岡の地域技術とデザインのコラボレーションを行うため、様々なメーカーや職人と商品・開発と各種プランニングを手掛けている。

ビジネス

博多織の新境地を切り開き、世界的な総本山にしていきたい

株式会社サヌイ織物　代表取締役社長　讃井勝彦

いま、何を手掛けているのか?

　博多織を使ったキーホルダーや小銭入れ・財布、名刺入れ、ネクタイ、ペンケース、ブックカバー、ポーチ、タペストリーなどをつくっている。これらの小物はロゴマークや名前を入れた記念品やオリジナル商品、販促品としての引き合いも多い。その一方、博多織の定番である帯や着物を手掛けておらず、珍しがられる。父の代から新しいモノづくりに挑戦しており、そのDNAを受け継いでいるからだろう。

　博多織も含めて伝統工芸品は手作業を伴い、高級品になりがちだが、本来は生活に必要な品々だった。この点を踏まえ、お客さまが欲しいと思うモノや必要とされるモノをつくっていくことが、私自身の挑戦である。

　最近では、博多仁和加のお面をデザインのモチーフにした博多織のポーチや名刺入れがヒット作だ。また、飛躍的な博多織の技術向上で写真を織物にした商品の人気も高い。福岡県民栄誉賞では受賞者への記念品として博多織の肖像織が贈られた。

　４月17日にリニューアルオープンする福岡県庁の最上階にある展望室の壁面には、故西島伊三雄先生が描いた福岡五大祭を博多織で織った巨大なタペストリーが飾られる。これまで掛かっていた前作の博多織は、34年前に父が手掛けた作品だけに、今回の制作では感慨深いものがあった。

なぜ、福岡／九州でやるのか?

　博多織は福岡そのものだ。博多織の歩みを紐解くと、１２４１年に織物の製法を習んだ満田弥三右衛門が聖一国師と博多へ帰郷したことが起源だ。同年、疫病が流行した博多の町を聖一国師が祈祷水を撒いて疫病退散を祈願したことが後の博多祇園山笠だった。博多を代表する二

大文化は時を同じくして誕生した。

以来、今日まで博多織は、冒険心をもって色々面白いコトを試みた歴史だったと思う。私自身として、伝統や歴史に縛られることなく、新たな研究や開発、企画を心掛けている。

博多織では小物だけでなく、大手自動車メーカや有名シューズメーカーとのタイアップ商品も開発した。「こんなモノを博多織でつくりたい」という思いで今後も挑戦していきたい。

これから何をやっていきたいか?

「30年後の博多織はどうあるべきか」「業界として、どのような取り組みが必要か」——。博多織工業組合の博多織ビジョン委員会委員長として将来像について議論を重ねている。

博多織の技術的な研究・開発は、業界全体で取り組むことが必要だ。再来年をめどに業界として、「洗濯できる」博多織の生地を実用化させる。そして、各織元が「洗える博多織」の新商品を売り出す見込みだ。

将来的には国内に留まらず、国外市場も視野に入れていきたい。そして、福岡・博多を「博多織の総本山」と海外でも認知させたい。総本山では、博多織を《知る》《見る》《買う》ことができるテーマパーク的な複合施設をオープンさせる夢も描いている。

上）本人近影、下）本社内に『博多織工芸館』があり、工房を見学可

専門分野・得意分野
- 博多織の商品開発・製造販売

実　績
- 福岡県庁展望室の博多織タペストリーの制作
- 福岡県民栄誉賞受賞記念品の博多織肖像画の制作
- ＩＳＵグランプリファイナル国際フィギュアスケート競技大会2013の博多織メダルリボンの制作

参加団体・コミュニティー・会合
- 博多織工業組合（理事）
- 全日本染織産地青年部協議会（会長）
- 福岡商工会議所ファッション部会（常任委員）
- 福岡県中小企業振興協同組合（監事）
- 福岡県産業観光推進協議会（幹事）

夢や思い
- 道を守り、道を創る

今後の活動テーマ・フィールド
- 長期ビジョンに基づく博多織の国内外における市場開拓

主な経歴

1976年6月17日生、福岡市出身、西南学院大学商学部卒。博多織の織元に生まれ、三代目社長を務める。福岡市西区小戸への現本社・工場移転を機に博多織の製造・販売に加えて、博多織の歴史資料や工房見学ができる『博多織工芸館』を開設して運営にあたる。

ビジネス

人とのつながりを生かし、「参謀」の立場からビジネスを動かす

PakiraArtDesign代表　三反田潤

いま、何を手掛けているのか？

九州で唯一の名刺をブランディングする専門サイト「名刺ビズ」を運営している。福岡県商工会連合会が認定した名刺の専門家として、名刺をビジネスで効果的に活用できるツールに仕上げている。

また、住宅メーカー、ブライダル業界、通信会社など10年以上の営業経験で培った営業ノウハウと心理学を活用したコミュニケーション術を交えながら、販促支援も行っている。

なぜ、福岡／九州でやるのか？

高校までは広島で過ごしていたが、大学は飯塚市の近畿大学へ進学した関係で福岡にやってきた。住宅メーカーを皮切りに様々な業界を経験した後、知人が設立したホームページ・デザイン制作会社に入ったが、倒産してしまった。

その時の借金を返済し、２０１１年にデザイン・チラシ制作などの事業で起業した。その後、名刺ブランディングの師匠と出逢い、そのノウハウの伝授を受けて名刺制作、営業アドバイザーとしての活動を中心に据えた。

私の場合、ビジネスをする場所はあまり関係ない。大学時代に過ごした福岡の環境のよさは分かっていたし、東京から福岡に影響力のある人が来た時、知人を通して意外と会うことができる。福岡では会いたいと思う人に紹介を通じて会えることも多く、東京や地元の「すごい人」とつながりやすい福岡はビジネスチャンスが広がりやすいと感じる。

これから何をやっていくのか？

今後も名刺専門家としての活動は継続していくが、私は性格的にゴールが見えてくると別のことを目指したくなる。先が見えなくても好奇心の「旗」が立ったものは、とことん追

求したいと思うようになる。特にそれがニッチなものであれば、そこにビジネスチャンスがあると考える。

　また、私はトップを支える参謀的な立ち位置の方が力を発揮できると思う。

　そうしたことを踏まえ、いま新たに2つのことに取り組んでいる。一つは小型人工衛星ビジネスだ。九州大学出身の技術者が主導するこのプロジェクトに参画して、プレゼン資料作成やブランディングなどお手伝いをしている。

　もう一つは仮想通貨ビジネス。「ビットコイン」の大手取引所破たんで危険なイメージが先行しているが、冷静に分析していくと大きなチャンスが潜んでいると思われる。こちらはまだパートナーが見つかっていないが、ぜひビジネス化したいと考えている。

　福岡の地域性と、多くのセミナーや営業経験などを通して様々な分野の人とつながることができている。そこでビジネスの話が出てくることもあるが、自分ができない案件は、できる人を探してその人につなげばいい。もちろん自分ができることはどんどん情報発信することで人とつながり、ビジネスの可能性を広げていきたいと思っている。

上)本人近影、下)50cm級の小型人工衛星。広範囲で詳細な写真撮影ができるため災害時の早期状況確認、大規模農園の監視システムなどへの活用が見込まれる

専門分野・得意分野
・名刺ブランディング、営業アドバイザー
実　績
・福岡県商工会連合会「エキスパートバンク事業」で名刺分野の専門家登録。全国商工新聞で名刺コラム連載
参加団体・コミュニティー・会合
・一般社団法人中小企業事業推進機構でのセミナー実施
・イタリア東洋商工会議所でのセミナー実施
・「書斎りーぶる」でのセミナー実施
夢や思い
・小型人工衛星などを使った宇宙産業の実現、仮想通貨に関するビジネスモデルの確立
今後の活動テーマ・フィールド
・名刺ブランディング活動を行いながらも、宇宙産業や仮想通貨など新たな分野でのビジネスモデル構築を進めていく
主な経歴
1978年生、京都府出身。広島で育つ。2000年、近畿大学九州工学部建築学科卒。住宅、ブライダル、通信などの業界を経験した後、11年独立。名刺に特化した「名刺ビズ」を運営。200社以上の名刺作成と名刺ブランディング、販促アドバイスを行う。

ビジネス

株式会社中村允紀代表取締役、農業生産合同会社有明の里業務執行社員、九州大学文学部学生　中村允紀

学生起業家として地域を巻き込み、福岡／九州の魅力を高める

いま、何を手掛けているのか？

「学費は自分で稼ぐ」――。大学入学時に親へ宣言して色々バイトに手を出したものの、結果的に行き詰まってしまった。そうした中で行き着いたのが、入学して常時着用し始めた着物の販売だった。販売契約に法人格が必要だったため、自分の名前を冠した会社を設立するに至った。

大学1年次から起業家育成プログラムを受講し、学生起業家への憧れがあったが、意外なカタチで実現した。

現在、「和を伝える」をコンセプトにした初心者向け着物講座などを開講しながら、着物の普及・販売に取り組んでいる。

着物販売に加え、起業家向けシェアハウス（福岡市・今泉）や農業生産合同会社『有明の里』の運営も手掛ける。2014年6月に発足した『有明の里』は筑後地方の生産農家と首都圏の消費者を結び、米・ニンジン・トマトなど農産品のダイレクトマーケティングをコンサルティングする。

今後、有明海特産である『板ノリ』の海外PRやノリの残りカスを農業用土壌へ転用するリサイクル事業にも挑戦していきたいと思う。

なぜ、福岡／九州でやるのか？

現在、福岡で文学部学生と起業家という〝二足のわらじ〟を履く。10歳までインドネシアで暮らした経験があるだけに人一倍、日本人としてのアイデンティティーや誇りを意識していると思う。それは日頃、着物を愛用する背景にもなっている。

帰国後、筑後地方で育ち、「田舎にこそ、本物の日本の魅力や原風景がある」と痛感した。いわば日本の縮図であり、身近に日本を感じられる場所が地元・九州だと思う。

九州の魅力は、人間的な温かさを

はじめ、それぞれの土地に個性的で多彩な魅力や文化があり、それらが互いに支え合って、一つの地域をつくっている点だと考える。

これから何をやっていくのか？

今後、外国人観光客の受け入れ促進に向けた支援ビジネスを始める予定だ。福岡在住の留学生を各出身国との〝懸け橋〟や〝つなぎ手〟となるグローバル人材として活用していきたい。具体的には、留学生による、外国人観光客向けガイド役や、相談などに対応するコンシェルジュ役を想定している。

また、日本人の感覚と異なる、外国人の〝目線〟で見た福岡／九州の魅力やセールスポイントなどの情報を旅行会社や関係機関へ提供する構想だ。さらに日本企業や個人を対象とした外国人対応セミナーの開催も検討している。

異なる価値観や新しいモノサシでみると、その土地や人材の新たな可能性や能力・才能を見出すことができると思う。自分を取り巻く環境を活かしながら、地域の住民・関係者、さらに学生・留学生なども巻き込んで福岡／九州の魅力を高める挑戦を続けていくことで、自分自身の価値も高めていきたいと考える。

上）本人近影、下）幼少期を過ごしたインドネシアでの一家団らん風景

専門分野・得意分野
・地域おこし
実　績
・着物の普及に向けた初心者向け着物講座の開催
・シェアハウス（#リバ邸天神 / #シェア天）の運営
・筑後の生産農家と首都圏消費者とのダイレクトマーケティングのコンサルティング
夢や思い
・今までとは別のやり方で、みんなが喜ぶことを考えていく
今後の活動テーマ・フィールド
・留学生を活用した外国人観光客向けインバウンド事業
主な経歴
1993年10月26日福岡県生まれ、生後からインドネシア・ジャカルタで育ち、10歳の時に帰国。現在、九州大学文学部言語学科に在籍しながら起業。着物の販売をはじめ、シェアハウス運営や農業生産合同会社、さらに高校生と大学生とのコラボレーションによる地域問題解決プロジェクトなどを立ち上げる。

ビジネス

中小企業の事業承継や海外取引を支援したい

北浜法律事務所　弁護士　平田えり

いま、何を手掛けているのか？

弁護士になって3年目。訴訟・交渉や家事事件、刑事事件、企業の日常的なご相談から、M&A、事業承継、ファイナンス案件まで幅広く取り扱っている。

今は、専門分野を創り上げる基礎固めの段階だと位置づけ様々な経験を積んでいる。例えば、福岡市が開設する創業支援スペース「福岡市スタートアップカフェ」に併設された雇用労働相談センター（厚生労働省所轄）での相談員等も行っており、事業者の方々から寄せられるご相談に丁寧に答えながら、少しでもお役に立ちたいと思っている。

法務的な知識はもちろん、人と関わる仕事なので、依頼者との信頼関係を築くことを心掛け、いかに当事者が納得できる解決に導けるかを信条としている。

なぜ、福岡／九州でやるのか？

北九州市の出身で、福岡には愛着を持ち続けてきた。また、祖父や父が福岡の地で会社経営に携わってきたので、中小企業経営の大変さを肌で感じて育った。自分も祖父や父をはじめ、福岡や九州の中小企業経営者を支援したいという思いを持ち続け、弁護士の道を選んだ。

北浜法律事務所に入所したのは、企業法務に力を入れているから。企業から依頼される企業法務が8〜9割と大半を占めるが、離婚や相続などの家事事件なども取り扱うため、様々な知識の習得と経験を積むことができると考えている。大阪と東京に拠点を持つため、大きな案件に関わり経験を積むこともできる。

これから何をやっていくのか？

中小企業を支援していきたいという思いは、これからも変わらない。そのなかで、2つの分野の支援に力を入れていきたい。一つは、中小企業の事業永続である。世界に誇れる日本の技術や事業を絶えさせないために、事業承継に関わっていきたい。事業承継は、人の感情が入り込むため、関係者間の人間関係を調整する力が求められる。人に寄り添うことを信条とする自分にとって、事業承継支援で役に立つことができたらと思う。

もう一つは、中小企業の海外展開支援。福岡でビジネスをやっていれば、海外、特にアジアとの関係は切り離して考えられないし、今後さらに海外との関係は深まるだろう。しかし、福岡の企業が海外展開や海外企業と取引をする際、言語や海外の弁護士事務所とのネットワークなどで実績を持つ事務所が多い東京の弁護士に相談する傾向が強いと思われる。

福岡事務所には外国法事務弁護士の資格を持った弁護士が所属しており、英語の契約書など海外案件に携わっている。

また、出向や留学制度も設けられているので、こうした制度を利用して海外取引の知識を習得し経験を積みたい。そして、増加するであろう海外取引を法務面から支える人材になりたいと考えている。

上）本人近影、下）北浜法律事務所福岡事務所の会議室

専門分野・得意分野
・訴訟・交渉、企業法務一般（契約書レビュー、労働法務等）、事業承継、ファイナンス

実　績
・クラウドファンディング入門in OKINAWA講師（2015年3月）
・創業前に知っておくべき法のABC講師（2015年1月）など

参加団体・コミュニティー・会合
・福岡県弁護士会中小企業法律支援センター（事務局次長）
・福岡三田会（慶應義塾大学同窓会組織）

夢や思い
・人の想いに寄り添い、実現する

今後の活動テーマ・フィールド
・アジアを中心とした事業者の海外展開。九州から世界へ

主な経歴
1985年12月29日生、福岡県北九州市出身、九州大学法学部卒、慶應義塾大学法科大学院修了。2011年11月新第65期司法修習生（修習地：福岡）、2012年12月司法修習修了、弁護士登録（福岡県弁護士会）、弁護士法人北浜法律事務所福岡事務所入所。

ビジネス

エンカレッジ株式会社 代表取締役社長　古谷繁明

経営者の思いや企業理念を言語化し、自信と信頼を創り出すブランディング

いま、何を手掛けているのか?

「思いを聞いて形にし、自信と信頼を創造する」――。私の仕事を一言で表すと、当社が掲げる、このミッションの一文に尽きる。具体的には、経営者が抱く『思い』や『企業理念』などを十分にヒアリングした上で、具体的なビジョンやミッションなど伝わりやすい『言葉』で表現する。そして、会社案内やホームページ、広告などの制作物で『形』にしていく。

　商品・店舗のブランドコンセプトの策定やロゴ・パッケージ開発などブランディングの仕事には十数年携わってきた。これらの取り組みやモノづくりが、経営者や企業にとっての《エンカレッジ》（励まし）になれば、おのずと自信が生まれて、取引先や周囲からの信頼につながると考える。

　もともと、学生時代は都市工学を専攻し、地理情報システムを研究していた。マッピングやトレンド分析に興味を持って、大手商社系のファッションブランド・マーケティング支援会社へ就職した。入社後、ブランド開発や事業開発、マーケティングなどの実務経験を積み、前職となる広告クリエイティブの会社へ転じた。そこでは、コピーライターとして理念の言語化や採用広告の制作、商品・事業のブランドコンセプト開発、さらに販促物などの制作などを無数に手掛けた。

　これらの経験は今日、私の仕事の大きな礎となっている。

なぜ、福岡/九州でやるのか?

　2012年4月、前職の福岡オフィスに責任者として赴任した。当初、ほぼ顧客ゼロからのスタートだったが、会社案内やＨＰ制作、人材採用のブランディングで実績をつくった。さらに企業理念再構築では、取引先の社員を主役に取り組み、成果を上げた。

そして、2014年4月、実績と人脈を得た福岡で独立・創業、学生時代から志していた起業を実現した。

これから何をやっていくのか?

熊本市出身なので、九州は故郷である。九州に帰って来て、本格的にアウトドアでのレジャーやスポーツを始めてみて、自然の価値を再発見した。

今後、九州の雄大な自然を生かしたヒトづくりの事業として、子ども向け自然キャンプや企業向け野外研修、CEO特別キャンプなどの野外教育事業を手掛けていきたいと思う。

先行事例はアメリカのサマーキャンプだ。アメリカには野外教育を手掛けるウィルダネス教育協会(WEA)という団体があり、レベルの高い野外教育がビジネスとして成立している。現在、WEAの取り組みを研究しながら、独自の付加価値を持つ子どもキャンプを九州で企画中だ。

昨今、近視眼的になりがちな教育や社会のあり方が気になるだけに、大自然に身を置きながら、命の大切さを学び、生きる力を身に付けるプログラムを開発していきたい。これまで培ってきたブランディングやマーケティングのスキルを活かして、今後100年を超えて続くような付加価値の高い事業にしていくつもりだ。

上)本人近影、下)2014年9月に参加したWEA Japanの講習会での一コマ

専門分野・得意分野

・企業理念の言語化・再構築、ブランド開発、会社案内・HP・販促物等の企画制作

実　績

・グッドデザイン賞受賞作の企画・製作(2011年)
・日本BtoB広告賞 企業カタログの部金賞(2012年)

参加団体・コミュニティー・会合

・WEA(ウィルダネス教育協会 第3回カンファレンズ実行委員長)
・LNT(マスターエデュケーター)

夢や思い

・思いを聞いて形にし、自信と信頼を創造する

今後の活動テーマ・フィールド

・九州の自然を生かした教育キャンプ事業、企業研修事業

主な経歴

1979年4月26日生、熊本市出身、東京大学工学部都市工学科卒。伊藤忠ファッションシステムに入社。伊藤忠商事への出向を経て、パラドックス・クリエイティブに転じた。2014年4月に同社を設立、社長に就任。かつてはプロキックボクサーとしても活動し、バンタム級1位、タイトルマッチまで経験した。

ビジネス

エレガントプロモーション 業務執行取締役 矢野裕樹

クリエイター集団の「デザイン思考」で、支店経済脱却を目指す

いま、何を手掛けているのか?

タレント・モデル事務所で、エンターテインメントを通じた九州経済の発展を目指し、企業連携型のプロジェクトを手掛けている。アイドルユニット「ＱｕｎＱｕｎ」プロジェクトでは、企業からの支援を受け、九州を盛り上げるアイドルとしてイベントやライブ、テレビ出演などの活動をしている。

２０１３年にはファンション雑誌「ＬＩＲＹ」を創刊した。誌面を飾るのは当社所属のモデルたちで、地元のデザイナーやカメラマンたちが制作にあたる。いずれも手弁当で参加する代わりに、自分たちの表現を自由に試すことができる場になっている。

また、ものづくりを中心にしたコミュニティ構築による地域活性化、地域情報化、地域ブランディングなどを手掛けている。

なぜ、福岡／九州でやるのか?

当初は会社所属のモデルたちがどうすれば活躍できるかを考えてきた。しかし福岡はイベントや雑誌などの派遣先が少ないため、東京の下請け的な役回りになってしまう。雑誌モデルに素人が採用されることも最近は多く、意識の高いモデルほど東京に出てしまう。そのため自分たちでタレントやモデルが活躍できる場を福岡や九州で作り、需要を生み出さないといけないと考え、地域活性化を切り口にした企業連携型のプロジェクトに取り組むようになった。

これから何をやっていくのか?

とはいえ、現在の支店経済から脱却し、福岡に本社機能を持つ企業を増やさないと本質的には何も変わらない。それを実現する手段として「商芸一体型産業振興モデル」を提唱している。

これはブローカレス理論を基にし、

プロジェクトに共感したクリエイターたちがコミュニティを構成し、中小零細企業に経営者の哲学や戦略などを「言葉」や「数字」「デザイン」で形式知化することを提案するものだ。企業規模が小さいほど経営理念や戦略が漠然としていることが多く、成長を妨げる要因の一つになっている。

こうしたクリエイターのコミュニティ形成の場になっているのが「ＬＩＲＹ」であり、個人的に立ち上げたクリエイターやアーティストのインキュベーション施設「Ｆｕｋｕｏｋａ Ｃｒｅａｔｏｒｓ Ｂａｓｅ」だ。今後はこうしたコミュニティから企業への事業創発、行政への政策提言などを実現していきたい。

福岡では創業特区の取り組みが進められている。だが安易な考えで創業した経営者が値下げ競争を引き起こし、業界を疲弊させてきた事例は過去にもあった。そのため創業者は常にアイディアや知的スキルを使って報酬を得ようとする「クリエイティブ・クラス」であってほしいし、行政はその受け皿を作るべきだと考える。その結果、労働を提供する「ワーキング・クラス」の需要も生まれ、地域も活性化する。我々の取り組みがその一助になればと思っている。

上）本人近影、下）福岡発のファッションマガジン『ＬＩＲＹ』

専門分野・得意分野
・エンターテインメント分野における企業連携型プロジェクト
・ブローカレス理論の研究
実　績
・アイドルユニット「QunQun」、湯けむり忍者隊「葉隠一族」などの企業連携プロジェクト、ファッションマガジン「LIRY」プロジェクトマネージャー
参加団体・コミュニティー・会合
・崇城大学情報学部情報学科研究生
・地域コミュニティブランド協議会
夢や思い
・立ち上げたプロジェクトが身近な地域の人たちの役に立ち、継続していく仕組みを作りたい
今後の活動テーマ・フィールド
・地元中小零細企業への事業創発、行政への政策提言などを通して地域を活性化し、九州支店経済からの脱却を図る
主な経歴
1982年生、福岡市出身。福岡大学人文学部卒。アパレルメーカーなどを経て2009年エレガントに入社。13年『LIRY』を創刊、編集統括兼プロジェクトマネージャーを務める。12年には個人のライフワークとして『Fukuoka Creators Base』を立ち上げた。

ビジネス

南米大陸放浪での恩義を、親富孝通りでの外国人支援で恩返し

『KYODAI』博多支店オーナー　株式会社南米大陸代表取締役　吉永拓哉

いま、何を手掛けているのか？

天神三丁目町内会長、サンパウロ新聞福岡支局長、ウェブ番組『親不孝通りＴＶ』司会者、ＮＰＯ法人セカンドチャンス！副理事長……。福岡市・親富孝通りを拠点に多方面で活動する私自身は、海外向け送金業務を本業として営む。２００９年に資金決済法が成立し、翌年から民間企業でも銀行の海外送金業務が可能となった。そのタイミングでライセンスを取得し、南米・ペルーの日系信用金庫を母体とする送金会社『キョウダイ・レミッタンス』の博多支店を親富孝通りエリアにオープンした。

かつて若気の至りで少年院暮らしをしていた時、面会に来た父から「南米へ行け」との厳命を受けたことが、南米大陸を放浪するきっかけだった。

地球の裏側にある南米では、エクアドルのバナナ園やペルーの民芸品店、ブラジルのホテルなどで働き、奥地でたくましく生きる日本人移民に開拓者魂を学んだ。そして、世界最大の邦字紙『サンパウロ新聞』の記者となって、東奔西走する日々を送った。

南米大陸で10年間過ごした後、〝日本との架け橋〟を志して帰国した。そして、故郷・福岡で設立した会社が、日本在住の外国人支援を目的とする『株式会社南米大陸』だ。

なぜ、福岡／九州でやるのか？

ラテン気質に富む土地柄や福岡人の明るさが好きだ。福岡県からは、全国でも5番目に多い人々が、海外移民として新天地を求めた。歴史的にも海外との交流も活発な福岡は、地域に在住する外国人との関係づくりに熱心だ。

たしかに海外での福岡の知名度は低いものの、福岡では近年、外国人が増加している。特に親富孝通りは外

国人経営のお店や外国人在住者・観光客が目立っている。

　親富孝通りに店を構えて営む海外向け送金業務は、いわば一つの手段だ。店頭スタッフに外国人を起用して、送金手続きだけでなく、地域で暮らす外国人からの相談対応や生活支援に取り組んでいる。この仕事を通して、外国人にも住みやすいまちにしていきたいと思う。

これから何をやっていくのか？

　南米大陸を放浪してみて、日本人一人では生きていないことを実感した。南米ではブラジル人やペルー人、エクアドル人ら大勢の人たちで助けられたから、現地で生活できたと思う。

　今度は、私自身が日本に来ている外国人の手助けをしてあげる番だと思う。これからも外国人が増えていく福岡においては、外国人の気持ちや立場に立って、支援していく環境づくりが求められるのではないか。

　今後、親富孝通りを拠点にして、地域で暮らす日本人と外国人が、手と手を取り合って、助け合うことが大事だ。アジアをはじめ海外から来た外国人と、あたかも〝兄弟〟のような信頼関係を結んでいくことで、グローバルに共存共栄ができるまちづくりを目指していきたい。

上）本人近影、下）キョウダイレミッタンス博多店では、色々な国の人々が働いている

専門分野・得意分野
・地域おこしなどに活性化やまちづくり
・南米など海外に向けた福岡・国内情報の発信
実　績
・親富孝通り活性化に向けた各種イベント開催
・日本初の町内会運営インターネットTV『親不孝通りＴＶ』の立ち上げおよび運営
参加団体・コミュニティー・会合
・天神三丁目町内会
・NPO法人セカンドチャンス！（副理事）
夢や思い
・南米で受けた恩義を親富孝通りを拠点とした外国人支援で恩返しをしていく
今後の活動テーマ・フィールド
・日本人と外国人が手と手を取り合ってのグローバルに共存繁栄できるまちづくり
主な経歴
1977年9月22日生、福岡県出身。1997年南米大陸へ放浪に旅立つ。エクアドルのバナナ農園、ペルーの民芸品店、ブラジルのホテルなどで働いた。2004年ブラジルの永住権を取得、邦字紙『サンパウロ新聞』記者となる。現在、サンパウロ新聞福岡支局長などを務める。
現在付き合いがあり、一緒に活動している人物もしくは今後活動したい相手
・坂口光一九州大学大学院統合新領域学府教授

総合・その他

公益財団法人九州経済調査協会 調査研究部 研究員 蒲池琴美

子どもたちが夢を持って暮らせる地域へ、調査・研究と育児・家事にまい進

いま、何を手掛けているのか？

地元シンクタンク・九州経済調査協会において、地域や都市の経済・産業に関する調査・研究や課題解決の提言に取り組んでいる。仕事柄、社会情勢やトレンドなどの新しい動きに色々な〝アンテナ〟を立てながら、調査研究を手掛けている。

入社3年目に一人目の産休に入った。その後、職場に復帰して、仕事の醍醐味や面白さが広がり、二人目を生んでも働き続けている。仕事を通じて、九州の経済状況や人口推移などを目にする度、将来、子どもたちが大人になった時に「どのような社会状況なのか」「夢を持って暮らせるか」と考えながら、仕事に取り組むことが多い。

なぜ、福岡／九州でやるのか？

大学進学時に東京・大坂へのあこがれがあったものの、親からの勧めもあり、地元の九州大学に進学した。卒業論文で取り上げたペットビジネス産業の調査が九州経済調査協会に入社するきっかけになった。

いま、二児の母として仕事・育児・家事に頑張れるのは、同僚や上司の理解に加え、福岡が地元だからだ。自宅近くに両親が住んでおり、昔からの友人・知人らが色々協力してくれることはありがたい。私自身の経験も踏まえ、子育てをしながら働きたい女性には、〝地元〟〝親元〟で暮らすことを薦めている。

福岡／九州の長所・短所とは？

福岡／九州は、アジアに近いという地理的優位性や産業、観光など色々な面で恵まれている。一方で、その長所を生かせていないのが短所だろう。例えば、九州には留学生など優秀なグローバル人材が多いが、彼らが活躍する場は限られているという点で課題がある。

今後、何を手掛けていくのか？

私がしたいことを一言でいうと、「地域社会を活性化させる」ことだ。長期的な視点をもった《九州を元気にする》ための調査・研究が将来、子どものためにもなったら、嬉しい。同時に九州の魅力発信も必要と考えている。九州には素晴らしい技術力を持ったメーカーや元気な中小企業が多く存在する。しかし、若者は、その存在を知らないことが多い。

そこで私は意識して九州の素晴らしさを子どもたちに伝えている。例えば、妖怪ウォッチの開発企業が、福岡の会社だと知ると、子どもたちは、小学生ながらに「福岡はすごい」と驚く。自分たちの暮らすまちに自信を持ち、将来に向けても自ら夢を想い描けるのではないかと考える。

今後も調査・研究、提言などを通じて、《夢を持ちながら、働ける地域》になるようにまい進したい。特に子どもたちが将来、働くことに夢を持って暮らせることを願う。たしかに仕事・育児・家事で心が折れることの多い。しかし、私が結婚・出産を経験しながら、仕事を続けていくことが今後、働きながら子育てをする女性の先例・実績になれば、嬉しい。

上）本人近影、下）家族でオフタイムを満喫した折の一コマ

専門分野・得意分野
・地域経済に関する調査・研究

実　績
・福岡市における子育て支援ソーシャルビジネスの可能性に関する調査・研究
・九州におけるフリーペーパーの現状に関する調査・研究
・ペットビジネスに関する調査・研究
・九州におけるグローバル人材の活用に関する調査・研究

夢や思い
・子どもたちにとって、九州が夢を持って暮らせる地域であること

今後の活動テーマ・フィールド
・《九州を元気にする》ための調査・研究などを通じての地域貢献に取り組む

主な経歴
1983年3月27日生、福岡市出身、九州大学21世紀プログラム学部卒。2005年４月九州経済調査協会に入社。主に機関誌である『九州経済調査月報』において、多岐にわたる調査・研究レポートの執筆を手掛ける。二児の母としてワークライフバランスを実践中。

総合・その他

リノベーションミュージアム冷泉荘 管理人 杉山紘一郎

多様性あふれる集合アトリエから、街に「刺激」と「新たな視野」を発信

いま、何を手掛けているのか？

「冷泉荘」は１９５８年に建てられた民営アパートだが、２００６年にオーナー会社の吉原住宅が住居から集合アトリエへと変更する3年間の実験プロジェクトを始めた。この「第１期」に入居したクリエイターたちの活発な情報発信もあり認知度も上がったことから、10年4月から不動産再生業務を行うスペースＲデザインの管理運営のもと築１００年運用を目指して「リノベーションミュージアム」として本格的に動き始めた。

「第2期」も古いものに価値を見出してくれる入居者が相次ぎ、21室ある部屋は満室状態だ。韓国語教室、ヨガ教室、アクセサリー教室、企画制作会社などが入居している。私は10年10月から3代目管理人を務めており、施設の入居者募集、管理、情報発信、イベント企画、見学者に対する施設案内などを行っている。

なぜ、福岡／九州でやるのか？

私は名古屋市出身だが、音響設計の勉強ができる九州芸工大（現九州大学）に入学した関係で福岡に来た。大学院でエオリアン・ハープの研究をしていたが、その時にスペースＲデザインの吉原勝己社長に出会った。それが縁で同社に入り、冷泉荘のイベント運営などの手伝いをするうち、管理人を引き継ぐことになった。

大学時代には作品制作や展示会、演奏会で舞台監督やイベントの代表など人をまとめる機会も多かった。そうした経験が冷泉荘をひとつに包み、建物をより活性化することに役立っており、天職だと思った。

どんな福岡／九州にしたいか？

冷泉荘のレンタルスペースで受け付けるイベントは「何でもあり」でまとまりもない。その背景には、アートス

ペースをアーティストやアート好きだけが集う場にせず、子どもからお年寄りまで、サラリーマンからエッジの効いた仕事をしている方まで、いろんな人が混ざり合う場にしたいという思いがある。イベントの内容を超えて「場」や「人」が生み出す多様な状況そのものを魅力にしたいのだ。

九州には美大がないが、美大が地域に及ぼす効果の一つに、エネルギーの塊のような「非日常」を発信し、住む人たちに刺激と新たな視野を与えることがあると思う。冷泉荘はその機能を持った建物となってきている。

私は冷泉荘を、おもちゃのカンヅメのような「何か面白いものが入っていそうな箱」にしていきたい。多様なカルチャーやビジネスが存在し、引き寄せられるように多くの文化や現象が集まり発信され、「ここにいけば何かあるかもしれない」と思ってもらえる場所だ。そこに集まる多様な文化を国内外問わず、多くの人にそれぞれの楽しみ方で味わってもらいたい。

そのためには発信される様々な内容や発信する人を面白がってもらえるように「ラッピング」していくことが私の役割だと考える。人のつながりの強い福岡は、こうした取り組みを最大限に発揮できる土地だと思う。

上)本人近影、下)上川端商店街と冷泉公園に挟まれた場所に位置する「冷泉荘」

専門分野・得意分野
・リノベーションミュージアムの管理運営
・イベント企画運営

実　績
・「冷泉荘」の管理運営、イベント企画、観光客の受け入れ
・情報紙「月刊冷泉荘」編集

参加団体・コミュニティー・会合
・九州大学大学院　藤枝守研究室

夢や思い
・冷泉荘を海外からも多くの観光客を呼べる施設にしたい。そのためにも「面白い管理人」としての自らの存在価値を高めたい

今後の活動テーマ・フィールド
・冷泉荘を「福岡の多様な文化発信の拠点」として認識してもらい、まちに刺激と新たな視野を与えていくこと

主な経歴
1980年生、名古屋市出身。九州大学大学院でエオリアン・ハープに関する研究で博士（芸術工学）取得。2010年、スペースRデザイン入社。廃材を楽器へ変える「サウンド・リノベーション」の活動をしながら、冷泉荘の管理人としてアートやサブカルチャーなどクリエイティブな面からビルブランディングを行っている。

総合・その他

NPO法人アカツキ 代表理事 永田賢介

非営利組織の資金調達をコンサルで強化、寄付文化の定着と市場成長を目指す

いま、何を手掛けているのか?

『ファンドレイジング』と呼ばれる、資金調達のコンサルティング事業を手掛けている。ファンドレイジングとは、NPOをはじめ、公益法人や社会福祉法人などの民間非営利組織が、社会的事業の資金を個人や法人から募る行為だ。通常、狭義では寄付や会費のみを指す場合が多い。

NPO先進地・アメリカではファンドレイザーと呼ばれる職業が確立しており、組織内には専門部署が設置され、フリーランスの人材もいて活発だ。一方、阪神大震災後にNPO活動が本格化した日本は2012年から関連資格が発足し、技能と倫理の両面から人材育成が進んでいる状況だ。

社会課題とその解決策を発信し、多くの人に関心を持ってもらい、それと同時に寄付という形での参画を働きかけるプロセスが、ファンドレイジングの本質的な価値だと考えている。

なぜ、福岡/九州でやるのか?

幼少期から福岡で暮らし、地元の大学に学び、大学職員として4年半勤務。退職後、上京していくつかのNPOで社会人インターンとして学んだ。ちょうど東日本大震災が起きた前後で、インターン先からも誘いもあったが、元々「東京は住む所ではない」と考えていたこと、福岡の仲間に「1年で戻る」と約束しており、帰福して起業する道を選んだ。

まず暮らしがあっての仕事だと考えており、共に働く仲間に対しても、スキルよりも人格を徹底して優先している。

東京と福岡の違いは何か?

人が寄付をする動機を大きく二つに分けると、数字やロジックで事業の有効性に納得して支援する《GOOD!》と、寄付を募る相手を見て、

思いを託し応援する《LIKE!》が考えられる。《GOOD!》のコミュニケーションが発達している東京と比較して、福岡では、寄付の根拠をきちんと揃えるよりも「君がそこまで言うなら、その情熱を信じる」というような、《LIKE!》の風土が良くも悪くも根強い。

福岡の風土を活かしつつ、《GOOD!》のコミュニケーション力を伸ばすことに、寄付の市場と文化が成長するポテンシャルを感じている。

今後、どんなことに挑戦するのか?

現在は個別コンサルティングが中心だが、2015年にはこれまでの知見を体系化したファンドレイジング・スクールを立ち上げる予定だ。中長期的には、スタートアップや組織強化のための資金仲介と経営支援を行う、財団やベンチャーキャピタルのような役割も必要だと思っている。

最終的には社会課題の生まれる構造を変える必要があり、NPOが市民や多様なステークホルダーをつなぎ、地域に必要な条例などの〝制度〟を民間側からつくれるようになることが将来の目標だ。そのためにも市民シンクタンク機能の確立を目指して、地に足の着いた努力を続けていきたい。

上)本人近影、下)支援先団体事務所での打ち合わせの様子

専門分野・得意分野
・NPOの個人向けファンドレイジングの支援

実　績
・フィリピンでの教育支援事業、産後女性ケア啓発冊子製作、社会的企業を支援する財団の設立、NPO関連法改正ロビー活動などのファンドレイジング支援

参加団体・コミュニティー・会合
・日本ファンドレイジング協会九州チャプター(共同代表)

夢や思い
・市民が主役となり、合意形成でルールを手づくりしていく地域社会

今後の活動テーマ・フィールド
・福岡でのファンドレイジング・スクール運営機能の付加

主な経歴
1982年8月7日生、熊本県出身、西南学院大学児童教育学科卒。福岡女学院大学職員を経て、2012年8月にNPO法人アカツキを設立、代表理事に就任。北九州市立大学非常勤講師、福岡市共働促進アドバイザーも務める。

現在付き合いがあり、一緒に活動している人物もしくは今後活動したい相手
・岡本豊 からくりもの 代表取締役
・南伸太郎 九州経済調査協会 研究主査

『フォーラム福岡』バックナンバー インタビュー記事紹介

所属および肩書きは掲載時点

『フォーラム福岡』Vol.01（2004年09月30日発行）

特集：福岡「２００５」

■2005年春開業、地下鉄3号線
地下鉄アンケートにみる市民の声、市民生活における地下鉄の役割
地下鉄と宮地岳線の相互乗り換えを考える、
地下鉄インフラを生かすパーク＆ライド
■2005年秋、九州大学新キャンパス・第一期が開講
地域と共有する「100年の計」スタート
■2005年9～11、人工島で「花どんたく」開催
アイランドシティの現実とビジョン示す好機
■2005年秋オープン見込みの九州国立博物館（仮称）
新時代の新博物館に何が必要か！

九州・山口経済連合会
会長
鎌田 迪貞

インタビュー
『九州はひとつ』は理念ではなく、現実の問題

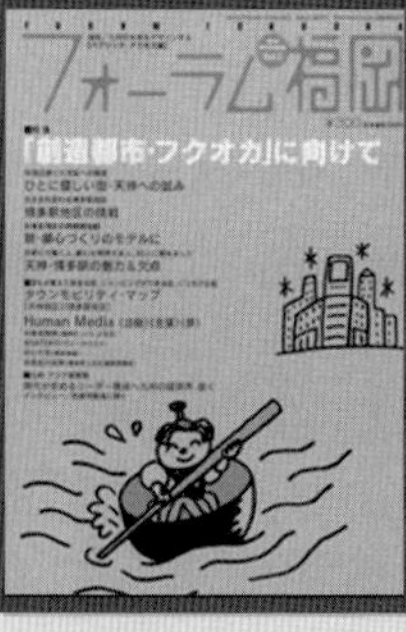

『フォーラム福岡』Vol.02（2004年11月30日発行）

特集：「創造都市・フクオカ」に向けて

■プロローグ
社会の変化が経済を変える
■渡辺通り大改造への提言
ひとに優しい街・天神への試み
■生まれ変わる博多駅地区
博多駅地区の挑戦
■都心で働く人、都心を利用する人、30人に聞きました
天神・博多駅の魅力＆欠点
■誰もが集まれて安全な街、ショッピングができる街、くつろげる街
タウンモビリティ・マップ[天神地区][博多駅地区]

博多町人文化連盟
理事長
長谷川法世

インタビュー
博多のよさは残ってるけど、人が減っているのが、もったいない

『フォーラム福岡』Vol.03（2005年2月20日発行）

特集：福岡の「都市資産」を考える

■概要：福岡の「資産」状況を把握する
「福岡の資産マップ」
■文化：文化を起爆剤にした都市再生
今、求められる福岡の文化戦略
■大学：大学はまちづくりの宝
大学を生かしたまちづくり地域の受け入れ準備進む九大
■安全・安心：安全で暮らしやすい街に
安全なまちづくりへ地域主導の防犯運動広がる
■地下鉄：新たなプロジェクト推進のモデル
ユニバーサルデザインが交通インフラで走り出す

九州大学大学院
教授
佐藤　優

インタビュー
市民からの声や要望、意見などを吸い上げる場と仕組みが必要

『フォーラム福岡』バックナンバー インタビュー記事紹介

所属および肩書きは掲載時点

『フォーラム福岡』Vol.04(2005年3月31日発行)

特集:アジアにつながる

■プロローグ
アジアとの関係を考えるキーワード「韓流ブーム」「留学生」「中華シティ」

■アジアとの海・空路
国内線の停滞を尻目にアジア航路が活況

■空港貨物
「空飛ぶイチゴ」が切り拓く福岡空港の新アジア物流

■博多港
アジアと結ぶ博多港が陸海空の物流拠点となる

■特集巻末資料
数字でみる福岡空港と博多港の役割

福岡第一高校
ヨット部監督
三船和馬

インタビュー
博多湾の風は最高の指導環境 教え子に金メダルを取らせたい

『フォーラム福岡』Vol.05(2005年6月30日発行)

特集:観光立圏・九州の戦略

■九州観光振興
観光王国・九州を目指し、実行を伴う戦略・施策

■九州観光振興
実現に向け動き出した九州観光推進の実行部隊

■九州国立博物館
アジア諸地域との文化交流に焦点

■九州国立博物館
国立博物館の機能と役割とは……

■九州国立博物館
"新"世紀・博物館としての九州国立博物館への期待

九州推進観光機構
会長
田中浩二

特集インタビュー
〝観光戦略〟を切り口に官民一体になって『九州はひとつ』を実現

『フォーラム福岡』Vol.06(2005年8月15日発行)

特集:環境にやさしいまちづくり

■プロローグ
今秋に誕生する、二つの新しいまち

■環境共生都市という考え方
環境にやさしいまちづくりとは何か

■公園の中に住宅地をつくる
アイランドシティでの新しいまちづくり

■陸続きから人工島方式へ
アイランドシティ、プロセスと未来 -都市の発展と環境との共生

レベルファイブ
社長
日野晃博

インタビュー
次世代ゲーム機器を生かすのは発想力、世界一のブランド

『フォーラム福岡』バックナンバー インタビュー記事紹介

所属および肩書きは掲載時点

『フォーラム福岡』Vol.07（2005年10月3日発行）

特集：九大学研都市の挑戦

■プロローグ
「伊都国」に九大がやってきた

■九大新キャンパスと九大学研都市
九大新キャンパスを母体に胎動する九大学研都市

■産学連携と九大学研都市
いよいよ動き出した産学官での九大学研都市づくり

■地域連携と九大学研都市
糸島の自然と風土に根ざした共生プログラムの構築を

■九大学研都市の方向性
九大学研都市が秘める可能性とその戦略

九州大学
総長
梶山千里

総長インタビュー
研究の成果と住みやすさが
学研都市成功のカギ

『フォーラム福岡』Vol.08（2006年12月29日発行）

特集：新福岡都心構想が描く近未来

■プロローグ
時代・環境とともに変化する福岡「都心」の役割と位置づけ

■博多駅地区
九州新幹線を追い風に、動き出す博多駅地区再開発

■天神地区
エリアマネジメントで天神がよみがえる

■渡辺通北地区
閉じたビル群から開かれた街へ、九電本社の再開発始動

■エピローグ
求められる都心の将来ビジョンとコンテンツ

福岡市
副市長
山野　宏

特集インタビュー
50年後の街の姿を描きながら、インフラ整備を
基本にエリアマネジメントに取り組む

『フォーラム福岡』Vol.09（2006年2月13日発行）

特集：オリンピック招致への挑戦

■計画概要
8月30日に国内候補地決定、海を生かしたオリンピックへ

■課題
課題は宿泊、予算、交通・・・、そして「市民の理解」

■資産
ユニバ、サミット、こども会議・・・、福岡の資産を総動員せよ！

■意義と役割
世界最大・最高のスポーツ祭典・オリンピックとは・・・

■事例研究
オリンピック開催事例にみる、招致に向けた新たな潮流

福岡市長
山崎広太郎

巻頭インタビュー
オリンピック招致を目指し、
大きな夢を共に描きましょう！

『フォーラム福岡』バックナンバー インタビュー記事紹介

所属および肩書きは掲載時点

『フォーラム福岡』Vol.10（2006年5月21日発行）
特集：オリンピックを福岡・九州へ

■基本計画＆配置図
博多湾を会場に21世紀型の持続可能なオリンピックに

■経済効果
オリンピックの経済学、地元へ1兆1753億円の経済効果をもたらす

■財政面
「福岡五輪」は節約型 成長戦略で生み出す財政余力がカギ

■民間での招致活動
オリンピック招致に向け官民一体による推進母体が誕生

■事例研究
二卵性双生都市!?バルセロナと福岡市との意外な相似形

制作総指揮者
建築家
磯崎　新

巻頭インタビュー
21世紀型オリンピックは
博多湾から始まる

『フォーラム福岡』Vol.11（2006年7月26日発行）
特集：福岡空港が果たす役割

■北九州空港の挑戦
開港3ヶ月で33万人が利用、新たな航空需要を創造へ

■航空需要予測
需要予測でみる福岡空港の"未来航路"

■人流＆物流
産業界からみた福岡空港が持つ「地力」

■役割と将来像
東アジアの中核都市として成長する福岡を支える

スターフライヤー
社長
堀　高明

巻頭インタビュー
「北九州の翼」として就航したスターフライヤー
産業の道具としてわれわれを活用してほしい

『フォーラム福岡』Vol.12（2006年9月29日発行）
特集：「道州制」への挑戦

■道州制の背景要因
なぜ、いま道州制なのか

■道州制の仕組み
道州制」とは一体何か？

■道州制の効能
道州制で我々の生活が、九州が、どう変わるのか

■道州制への課題
道州制実現の懸念材料と課題を考える

■海外事例
フランスの事例にみる地方分権の"光"と"影"

九州地域戦略会議
道州制検討委員長
石川敬一

巻頭インタビュー
「九州のことは九州で決める」
が基本

『フォーラム福岡』バックナンバー インタビュー記事紹介

所属および肩書きは掲載時点

『フォーラム福岡』Vol.13（2007年3月28日発行）

特集：カーアイランド九州の"いま"と"未来"

■九州自動車産業の現状
自動車150万台生産へのアクセルを踏む

■九州自動車産業の歩み
なぜ、九州は自動車生産の一大拠点になったのか？

■九州自動車産業と地域の部品産業
部品産業の強化・育成・地域産業化へのロードマップ

■九州自動車産業と最新技術
今後のカギを握る半導体と水素への九州の取り組み

■九州自動車産業の未来
九州の自動車産業の実力と今後の展開

福岡大学
教授
居城克治

巻頭インタビュー
九州の実力、九州発の車づくりを目指して

『フォーラム福岡』Vol.14（2007年6月9日発行）

特集：機能集約型まちづくりの可能性

■まちづくり三法
いま動き出す、まちづくり三法改正後に向けての戦略

■新しいまちづくりへの挑戦
機能集約型まちづくりへの挑戦

■福岡県下のまちづくり
福岡県における、まちづくりへの取り組み

■これからのまちづくり
「街なか」活性化によるまちづくり

九州地方整備局
総務部長
渋谷和久

巻頭インタビュー
住民が主役のまちづくりへ路線転換

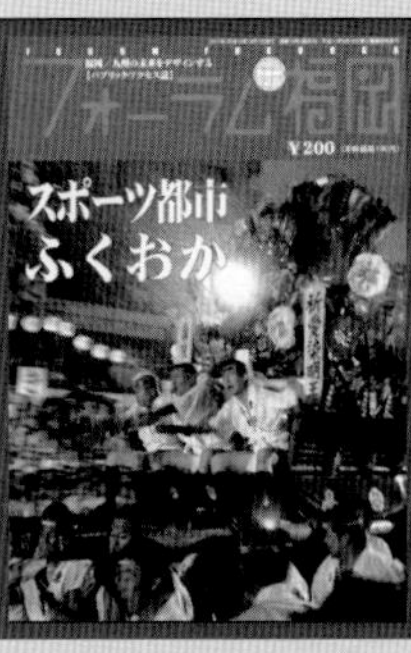

『フォーラム福岡』Vol.15（2007年8月1日発行）

特集：スポーツ都市ふくおか

■ふくおかのスポーツ事情
スポーツ都市・ふくおかの「いま」をみる

■文化としてのスポーツ
スポーツ文化の定着に向けて

■産業としてのスポーツ
スポーツが秘める産業としての市場性

■スポーツの可能性
都市戦略および地域戦略としてのスポーツの可能性

大分トリニータ
大分フットボールクラブ社長
溝畑　宏

巻頭インタビュー
キーワードは「自信」「元気」「誇り」

『フォーラム福岡』バックナンバー インタビュー記事紹介

所属および肩書きは掲載時点

『フォーラム福岡』Vol.16（2007年9月29日発行）

特集：いま、「環境」を考える

■事例研究
北九州にみる環境へ取り組み
■現状分析
福岡を取り巻く「環境」のいま
■産学官の動向
産学官による地球温暖化防止への取り組み
■提言および提案
福岡における「明日の環境」を考える

九州大学大学院
教授
谷本　潤

巻頭インタビュー
「省エネ」から始まるヒートアイランド対策

『フォーラム福岡』Vol.17（2007年12月1日発行）

特集：どうする!?"明日"の福岡空港

■P１研究
福岡空港総合調査にみる福岡空港の"明日"
■経緯＆現状
"明日"への福岡空港の《未来航路》を描く
■現状報告＆方策研究
福岡空港が羽ばたくために いま何が必要なのか

航空アナリスト
杉浦一機

巻頭インタビュー
地元民自らが「福岡空港」問題を考えなければならない

『フォーラム福岡』Vol.18（2008年2月1日発行）

特集：博多駅から始まる、『2011年の福岡』

■九州新幹線
プロローグ：2011年3月、九州新幹線（鹿児島ルート）が全線完成
■新博多駅ビル＆駅地区のまちづくり
新博多駅ビル開業と博多駅地区のまちづくり
■再開発＆容積率加算
「容積率」加算で始まる、福岡市内の再開発「未来予想図」
■交通＆観光＆まちづくり
九州新幹線時代の「交通」「観光」「まちづくり」について考える

博多駅地区まちづくり推進組織準備会
会長
唐池恒二

巻頭インタビュー
地域と一体になったまちづくりの中で新博多駅を考える

『フォーラム福岡』バックナンバー インタビュー記事紹介

所属および肩書きは掲載時点

『フォーラム福岡』Vol.19（2008年3月29日発行）

特集：九州新幹線全線開業で変わる、福岡/九州の近未来

■ケーススターディ
長野新幹線にみる、新幹線効果の「光」と「陰」

■九州新幹線研究
九州新幹線がもたらす、「効果」と「影響」について考える

■駅ビルとまちづくり
駅ビルの役割と駅を中心としたまちづくりの可能性

■これらの都市戦略を練る
九州新幹線を活用した、「人」を本位とする交通・まちづくり・交流へ

日本政策投資銀行
参事役
藻谷浩介

巻頭インタビュー
九州新幹線全通は福岡の「終わりの始まり」、今後の戦略は『九州の京都』

『フォーラム福岡』Vol.20（2008年5月31日発行）

特集：私たちの『地方財政』入門

■財政の基礎基礎知識 ケーススターディ:福岡県
地方財政のＡＢＣと福岡県にみる財政状況

■ケーススターディ:福岡市
財政リニューアルプランで市債残高２兆円へ

■地方財政の仕組みと課題
地方財政の仕組みは、一体どうなっているのか

■将来に向けた地方財政のあり方
今後の地方分権社会における、地方財政と地域の未来像

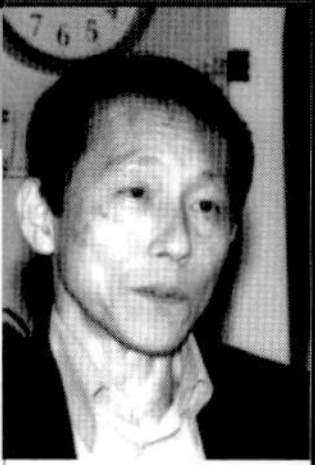

構想日本
代表
加藤秀樹

巻頭インタビュー
「事業仕分け」で、自治体の仕事の背後にある国の仕組みを見直す

『フォーラム福岡』Vol.21（2008年7月31日発行）

特集：ヒトづくりで拓く、福岡/九州の未来

■都市資産としての大学
都市資産としての大学の価値を考える

■ヒトづくりの現状
大学、企業、地域におけるヒトづくりの動向

■新しいヒトづくりへの動き
次世代に向けた新しいヒトづくりへの胎動

■ヒトづくりと地域振興・未来戦略
大学、企業、地域の個性を生かした振興戦略づくりへ

福岡市長
吉田　宏

巻頭インタビュー
「若者の活力」「大学の知恵」を生かした、まちの魅力づくりを進めていく

『フォーラム福岡』バックナンバー インタビュー記事紹介

所属および肩書きは掲載時点

『フォーラム福岡』Vol.22（2008年10月1日発行）

特集：博多港が舵取りする、九州の未来航路

■博多港の現状
博多港の「いま」をみる

■海や港の役割と博多港の歩み
海と港にみる文化的な役割と博多港の歩み

■世界の港湾動向と日本の港湾
世界の港湾動向に取り残された日本の港湾

■博多港の役割と効果
博多港が担う港湾機能と地域への経済効果

■将来の博多港と地域の今後
海と港を生かした都市戦略・地域振興を考える

三井物産
九州支社長
渡邉清孝

巻頭インタビュー
地域と一体となった事業展開で、博多港の振興を目指す

『フォーラム福岡』Vol.23（2008年11月30日発行）

特集：九州の未来を担う福岡空港

■ＰＩレポート解説
福岡空港総合調査ステップ４を読み解く

■空港・航空の世界情勢
世界の空港・航空事情を追う

■ケーススタディ
中部空港にみる新しい空港のカタチ

■空港問題と地域戦略
福岡/九州の未来を占う、福岡空港の《針路》

九州産業大学大学院
教授
伊藤重行

巻頭インタビュー
空港問題は長期的なビジョンの下、都市の将来デザインで考えるべき

『フォーラム福岡』Vol.24（2009年1月31日発行）

特集：これからの九州の《戦略》と《カタチ》

■プロローグ）道州制のいま
分権改革をきっかけに動き出す『平成の道州制』論議

■地方分権、中央集権のいま・むかし
歴史・事例にみる中央集権と地方分権の歩み

■解説《九州モデル》
道州制『九州モデル』を読み解く

■ビジョンと地域戦略
これからの国のカタチと九州のビジョン

内閣官房道州制ビジョン懇談会
座長
江口克彦

巻頭インタビュー
日本を、地域を、人々を元気にする地域主権型道州制が必要だ

『フォーラム福岡』バックナンバー インタビュー記事紹介

所属および肩書きは掲載時点

『フォーラム福岡』Vol.25（2009年5月31日発行）

特集：アジアとの一体的な発展を目指して

■アジア－福岡・九州の国際交流
アジアとつながるフクオカ
■《空の玄関口》福岡空港の現在・過去・未来
増設決定で動き出した福岡空港のテークオフ
■九州の域内交通網アジア時代に向けた
アジアとつながる空港・港湾、そして九州域内の鉄道・高速道路網
■フクオカ・キュウシュウの未来戦略
アジアと一体化して発展する九州を目指して

慶応義塾大学商学部
教授
中条 潮

巻頭インタビュー
福岡空港の『民営化』をバネに、九州独立での共同経済圏づくりへ

『フォーラム福岡』Vol.26（2009年7月31日発行）

特集：臨海都市のまちづくり戦略

■港湾と都市との発展関係
博多港110周年、北九州港120周年と臨海都市・福岡、北九州
■先行事例研究
神戸の都市経営にみる、臨海都市の発展モデル
■海を生かしたまちづくり
『ベイシティ・ふくおか』としての海を生かした魅力づくり
■フクオカ・キュウシュウの未来戦略
臨海都市・フクオカの未来戦略
ヒトがヒトを呼び、ヒトが集まってくる街づくり

天神明治通り街づくり協議会
会長
倉富純男

巻頭インタビュー
福岡スタイルで、アジアで最も創造的なビジネス街を目指す

『フォーラム福岡』Vol.27（2009年9月30日発行）

特集：地域医療の存続に向けて

■医療の「いま」を識る
日本、福岡の医療を取り巻く状況と課題
■小児科・産科の現況に迫る
少子化時代における地域医療の動向
■医療再生に向けた取り組み
住民本位の地域医療のあり方を考える
■地域医療の未来戦略
『医療資源』の活用で、安心感ある魅力的な街へ

産業医科大学
教授
舟谷文男

巻頭インタビュー
医療崩壊の背景を知り、医療のあり方を考えるべきだ

『フォーラム福岡』バックナンバー インタビュー記事紹介

所属および肩書きは掲載時点

『フォーラム福岡』Vol.28（2009年11月30日発行）

特集：ヒトが育む『九州力』

■大学におけるヒトづくり
変貌する大学の教育・研究、そして社会貢献
■企業におけるヒトづくり
企業の社員研修・社会人教育の動向
■産学連携を通じてのヒトづくり
これまでの産学連携、これからの産学官民連携
■これからのヒトづくり
地域・社会の起爆剤となるヒトづくりへ

日本の次世代リーダー養成塾
事務局長
加藤暁子

巻頭インタビュー
九州から外に出た人たちが帰って来れる環境が必要

『フォーラム福岡』Vol.29（2010年1月31日発行）

特集：Fukuoka／Kyushu未来デザイン

■巻頭特別座談会
魅力ある『まちづくり』への都市デザインを考える
■国際都市Fukuokaを考える
国際都市ネットワークにおけるFukuoka
■温故知新；中世の博多に学ぶ
中世 貿易都市・博多にみる、国際都市Fukuokaの原点
■これからのFukuoka／Kyushu
Kyushuを識る・考える、未来像を描き出す

前 立命館アジア太平洋大学
学長
モンテ・カセム

巻頭インタビュー
九州からアジア太平洋時代に向けて、多様性による価値観の『革命』を起こそう

『フォーラム福岡』Vol.30（2010年3月31日発行）

特集：文化が創造する都市の魅力

■文化・芸術の現状
福岡における文化・芸術を取り巻く今日的な模様
■先行事例研究
国内外の事例にみる、文化・芸術を生かした『創造都市』
■創造都市への戦略
文化・芸術による福岡/九州の都市戦略・地域振興を考える
■シンポジウム収録 「ソーシャル・イノベーション」シンポジウム
福岡・九州の明日を託す人材とは？

美術評論家
前長崎県美術館長
伊東順二

巻頭インタビュー
文化のハブ拠点として福岡は、日本海沿岸文化圏の首都を目指すべきだ

『フォーラム福岡』バックナンバー インタビュー記事紹介

所属および肩書きは掲載時点

『フォーラム福岡』Vol.31（2010年5月31日発行）
特集：アジア新時代における、福岡/九州の針路

■巻頭特別座談会
外部の目から見た福岡・九州の“現実”

■福岡／九州の国際的な位置付け
福岡/九州の“いま”、そして未来への布石

■福岡／九州のこれまでとこれから
隣の大国・中国vs.福岡/九州の歩みとこれからの生き方

■福岡／九州の針路
福岡／九州の成長戦略を早期に描く

シメオンコンサルティンググループ
社長
岩谷英昭

巻頭インタビュー
九州は、アジア諸国とのパートナーシップでアグレッシブに生きる

『フォーラム福岡』Vol.32（2010年7月31日発行）
特集：福岡がめざす『知識経済地域』

■IRBC2010
福岡で開催された国際知識経済都市会議

■座談会
国際知識経済都市会議モデレーターが語る
福岡の未来を考える会議で見えてきたこと

■知識経済地域と産学官連携
《学ぶ・考え・伸びる》地域づくりへの産学官連携

■今後、求められる広域連携
主体的な地域づくりに向けた福岡／九州における広域・産学官連携の潮流

ルイス＆アソシエイツ社
代表
マイケル・ルイス

基調報告
産学官に仲介機能を付加した新連携モデルで未来へのチャンスを掴む

『フォーラム福岡』Vol.33（2010年9月30日発行）
特集：広域交流時代の福岡/九州の観光戦略

■九州新幹線全線開業
来春の九州新幹線全線開業に向けて『さくら』咲き、『つばめ』翔ぶ

■広域経済圏づくり
動き出す福岡/九州と韓国・釜山との国境を越えた交流・経済圏づくり

■国際観光戦略
求められる九州のブランドイメージと福岡のシンボルづくり

九州経済連合会
会長
松尾新吾

巻頭インタビュー
九州の成長実現に「アジアビジネスセンター（仮称）」を

『フォーラム福岡』バックナンバー インタビュー記事紹介

所属および肩書きは掲載時点

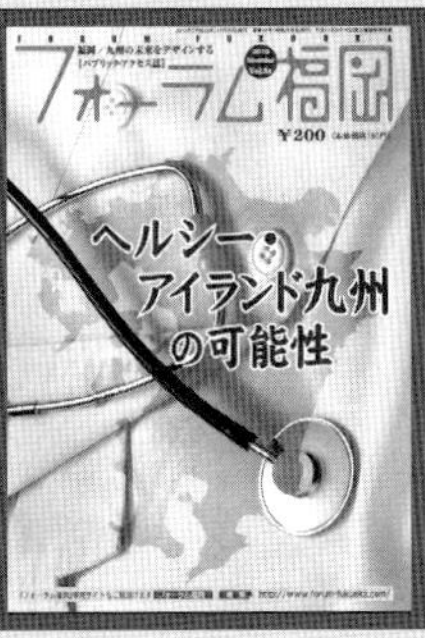

『フォーラム福岡』Vol.34（2010年11月30日発行）

特集：ヘルシー・アイランド九州の可能性

■「日本人の国民病」がん治療の“いま”
一大がん治療拠点としての久留米・鳥栖地区における取り組み
■福岡／九州における医療の“いま”
福岡県、福岡市での医療集積と健康への取り組み
■脚光を浴びる医療ツーリズムの胎動
医療集積を生かした福岡／九州における医療ツーリズムの可能性
■医療・健康分野における福岡／九州の戦略
ヘルシー・アイランド九州を目指して、最先端医療のクラスター構築を

九州大学大学院
教授
塩山善之

巻頭インタビュー
海外からも信頼して来て頂ける医療の質の確保が第一

『フォーラム福岡』Vol.35（2011年1月31日発行）

特集：創造性で拓く次世代産業

■福岡／九州の《食》と《農》
いま、食から見直す、恵まれた福岡/九州の地域資産・魅力・感性
■福岡におけるクリエイティブ産業の動向
福岡に集積する創造産業を生かした福岡/九州の取り組みへ
■次世代リーディング産業の育成に向けて
次世代リーディング産業育成のカギを握る創造性

九州経済産業局
局長
滝本　徹

巻頭インタビュー
九州成長戦略アクションプランで、アジアの成長を取り込んだ発展を目指す

『フォーラム福岡』Vol.36（2011年3月31日発行）

特集：福岡/九州の確かな未来へ

■福岡／九州の《いま》《これから》
データにみる福岡/九州、日本がいま、抱える課題
■福岡市、福岡県、そして九州における取り組み
課題解決に向けた、福岡/九州の新たな動き
■福岡／九州の未来について語る
インタビュー特集「20年後、福岡/九州は○○になる！」

福岡市長
髙島宗一郎

巻頭インタビュー
目指すは、人と環境と都市が調和のとれたアジアのリーダー都市

『フォーラム福岡』バックナンバー インタビュー記事紹介

所属および肩書きは掲載時点

『フォーラム福岡』Vol.37(2011年5月31日発行)
特集：3・11で考える福岡/九州の未来

■九州、そして福岡県、福岡市における取り組み
福岡/九州の3・11への対応と防災の取り組み
■福岡／九州の未来について語る
インタビュー「3・11から始まる新たな価値観と福岡/九州の針路」
三菱総合研究所研究理事 野口和彦
九州大学大学院理学研究院付属地震火山観測研究センター長・教授 清水洋
イシタキ人権学研究所所長 石瀧豊美
NPOエンジョイコミュニケーションズ事務局長 林田暢明

ザグラダ・ファミリア聖堂
彫刻家
外尾悦郎

巻頭インタビュー
大震災とガウディのインテリジェンスに学ぶ
10年後の未来へ！福岡エボリューション

『フォーラム福岡』Vol.38(2011年7月31日発行)
特集：『現場』からみる九州

■事例研究
シーガイアの事例にみる、現場力を生かした経営再建の取り組み
■ケーススタディー
各事例にみる現場での取り組みと、その可能性
■福岡／九州の可能性
福岡／九州の未来に向けた『現場力』を考える

イマージェンス
代表取締役
桑畑英紀

巻頭インタビュー
一人称で「自分ゴト」として捉えて
行動する人たちが居る組織こそ現場力がある

『フォーラム福岡』Vol.39(2011年9月30日発行)
特集：《触媒》都市・福岡

■プロローグ
都市・地域を活性化させる《触媒》について考える
■データ編
数字でみる、福岡／九州の現状と交流状況
■事例研究
《交流》に関わる、人・場・仕掛けの取り組み
■福岡／九州の未来への思索
《触媒》力による、福岡／九州における質の高い交流を考える

福岡地域戦略推進協議会
ディレクター
鍋山 徹

巻頭インタビュー
自立的に自分たちのアイデアを
どこまで具現化できるかが大きな焦点

『フォーラム福岡』バックナンバー インタビュー記事紹介

所属および肩書きは掲載時点

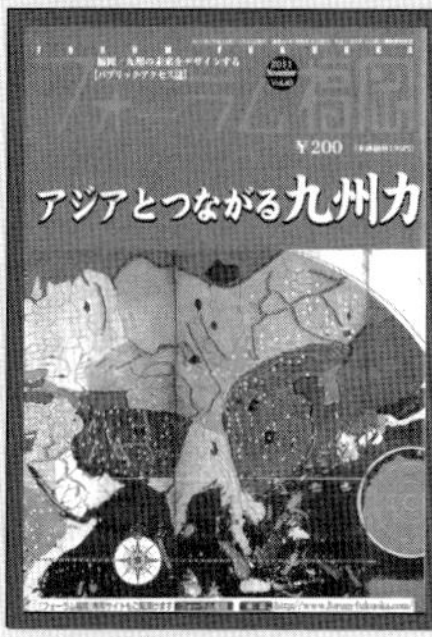

『フォーラム福岡』Vol.40（2011年11月30日発行）
特集：アジアとつながる九州力

■アウトバウンド
アジア・海外へ打って出る九州の企業
■インバウンド
アジア・海外からヒト・モノ・カネを九州に呼び込む動き
■まとめ
港が物流を呼び、商流、人流を呼ぶ九州の未来

前福岡県知事
（JR九州特別参与）
麻生　渡

巻頭インタビュー
福岡／九州の地場企業は
海外で収益を上げ、国内需要を高める

『フォーラム福岡』Vol.41（2012年1月31日発行）
特集：九州のブランド力

■ブランド力と地域力
《外》からみた、九州の知名度とブランド力
■先行事例の調査・研究
【事例研究】北海道に学ぶ地域ブランド戦略
■九州における取り組み事例
九州の行政・企業・団体・担い手による独創的な地域づくり
■まとめ
九州のブランド・アイデンティティをみんなで創るムーブメントを

エイチ・アイ・エス
取締役会長
澤田秀雄

巻頭インタビュー
九州が一枚岩になった《集中と選択》で、
海外誘客向けのブランドづくりを推進

『フォーラム福岡』Vol.42（2012年3月31日発行）
特集：未来へつながる九州のカタチ

■最近の動向紹介
プロローグ：大阪圏や名古屋圏で始まった地域からの胎動最近の動向紹介
■九州のプロジェクト紹介
福岡/九州での、自立の《芽》となる2大プロジェクト九州のプロジェクト紹介
■広域行政・道州制の動き
九州における新たな広域行政・地域自立の動き
■導入事例紹介＆提案
地域から発信・創造していく《九州のカタチ》

福岡県知事
小川　洋

講演要旨
幸福度日本一やグリーンアジア特区、
九州観光、広域行政を推進していく

『フォーラム福岡』バックナンバー インタビュー記事紹介

所属および肩書きは掲載時点

『フォーラム福岡』Vol.43（2012年5月31日発行）
特集：九州がつながる

■九州新幹線・鹿児島ルート全線開業1周年で振り返る
真価問われる九州新幹線 開業2年目で見えてきた課題
■福岡と九州・東アジア福岡／九州における人流
ヒトの動きにみる、『エントリー・ポイント』
■福岡／九州における物流
モノの動きにみる、日本・東アジアとの福岡／九州のつながり
■福岡／九州の未来への提案
福岡が情報受発信メディアとなる九州広報センターを！

日本政策投資銀行
九州支店長
鈴木恵一

巻頭インタビュー
福岡は九州各地と連携し、「九州の顔」としての役割を

『フォーラム福岡』Vol.44（2012年7月31日発行）
特集：アジアがみつめる「福岡モデル」

■プロローグ
アジア・世界に先駆けて成熟化する福岡／九州
■「福岡モデル」アイテム
社会の成熟化に向けた「福岡モデル」群
■エピローグ
アジアが求める「福岡モデル」で売り込む

前国連ハビタット福岡本部
本部長
野田順康

巻頭インタビュー
アジアをはじめ海外向けに良好な都市政策や環境技術の普及を促進

『フォーラム福岡』Vol.45（2012年9月30日発行）
特集：おもてなしが世界の心をつかむ

■「来る」
世界が福岡にやって「来る」 4大国際コンベンションとMICEの可能性
■「交わる」
地域で「交わる」 海外の子ども・留学生たち
■「根付く」
海アリ・山アリ 見直される福岡の魅力に「根付く」新しい人たち
■エピローグ
福岡は「国際交流都市」に生まれ変わる！

ジェイティービー
観光戦略室マネージャー
山下真輝

巻頭インタビュー
福岡での集客交流を切り口に、九州全体の活性化を図る

『フォーラム福岡』バックナンバー インタビュー記事紹介

所属および肩書きは掲載時点

『フォーラム福岡』Vol.46（2012年11月30日発行）
特集：中枢機能を担う福岡

■首都代替機能
首都バックアップ機能の誘致で注目される福岡
■企業・中枢機能誘致
福岡／九州の立地を生かした企業・中枢機能の誘致を図る
■防災力・対応力
鍛えられた九州の防災力「被害の最小化」へ広域的な視点、連携が課題
■総括
鍛えられた九州の防災力「被害の最小化」へ広域的な視点、連携が課題

福岡経済同友会
東日本大震災対応特別委員会委員長
久保田勇夫

巻頭インタビュー
福岡は首都中枢機能や本社機能の受け皿に成り得る

『フォーラム福岡』Vol.47（2013年1月31日発行）
特集：ヒトから始まる九州のイノベーション

■人材育成事情
多彩なビジネス人材育成と新たなヒトづくりの潮流人材育成事情
■支援体制
地域で呼び込み・育む、起業家・個人事業主、そして地場企業
■事例研究
地域にイノベーションをもたらす人々の取り組み
■提案
福岡からビジネスを変えるイノベーションの「場」を

グロービス経営大学院
学長
堀　義人

巻頭インタビュー
「創造と変革の志士」育成を掲げるビジネススクール最大手が福岡開校

『フォーラム福岡』Vol.48（2013年3月31日発行）
特集：まちづくりのイノベーション

■これまでの福岡（近世・近代編）
先人による『まちづくり』の精神と知恵を学ぶ
■これまでの福岡（戦時中・戦後編）
戦後の焼け野原から九州の中枢機能都市、アジアの交流拠点都市へ
■いまの福岡（現状編）
福岡都心の〝いま〟と、まちづくりを刺激する都市の〝ツボ〟
■これからの福岡（未来編）
「アジアの交流拠点都市・福岡」の実力と魅力を高めるまちづくり

東京大学大学院
教授
西村幸夫

巻頭インタビュー
福岡は不思議で特異な都市。都市のエッジから新たなイノベーションが起きる

『フォーラム福岡』バックナンバー インタビュー記事紹介

所属および肩書きは掲載時点

『フォーラム福岡』Vol.49（2013年5月31日発行）

特集：イノベーションを起こす！

■解説編
イノベーションの素地となる福岡のDNAを考える
■事例研究
現場とプレーヤーにみるイノベーションの〝いま〟
■地域事例
巨大加速器のまち・CERNにみる、国際化・多国籍化による地域変化

MOVIDA JAPAN
CEO
孫　泰蔵

巻頭インタビュー
アジアにシリコンバレーのような“ベンチャー生態系”をつくりたい

『フォーラム福岡』Vol.50（2013年7月31日発行）

特集：地域力を高める都市生態系

■プロローグ
海外先進都市に学ぶまちづくりと生態系としての都市
■誌面収録
都心再生フォーラム ～世界から人と投資を呼び込む福岡の都心再生
■現況報告
動き始めた天神・博多・ウォーターフロント３地区が一体となった福岡都心再生
■エピローグ
海外先進都市に学ぶまちづくりと生態系としての都市

東京大学大学院
教授
出口　敦

巻頭インタビュー
都市はデザインするもの博多湾を活かし福岡の魅力を高める

『フォーラム福岡』Vol.51（2013年9月30日発行）

特集：始まりは九州から

■プロローグ
海外先進都市に学ぶまちづくりと生態系としての都市
■事例紹介（歴史編）
九州が日本のエポックをつくってきた
■事例紹介（現代編）
日本の新しいエポックを九州がつくっていく
■総括編
海外との接点で成長してきた福岡の国際競争力を高めるために

ペシャワール会
現地代表
中村　哲

巻頭インタビュー
新しいモノを受け入れ、保守性も尊重する九州で絶妙な“ハーモニー”が生まれる

『フォーラム福岡』バックナンバー インタビュー記事紹介

所属および肩書きは掲載時点

『フォーラム福岡』Vol.52(2013年11月30日発行)

特集:「生活」の中で考えるイノベーション

■Fukuoka 地域サミット2013
Citizen-Led Innovation
市民発イノベーションが地域の未来をつくる

■概論&事例編
福岡/九州におけるイノベーションの新たな動き

■総括編
市民力、地域力が高まり、域外からチャレンジする人たちが集まるサイクル

■誌面収録
Fukuoka地域サミット2013「産学官民一体で取り組む成長戦略」

リ・パブリック
共同代表
田村　大

巻頭インタビュー
市民のボトムアップの力から、イノベーションが生まれる

『フォーラム福岡』Vol.53(2014年1月31日発行)

特集:世界はピンホールから変わる

■資料編
DATAでみる福岡/九州の新たな動向

■事例編
福岡/九州において、「ピンホール」となる変化の芽を見出す

■総括編
ライフスタイルの変化と「仕事」づくり

KOO-KI代表
映像ディレクター
江口カン

巻頭インタビュー
常識や既成概念に「風穴」を開け、呪縛を絶つことで世界は変わる

『フォーラム福岡』Vol.54(2014年3月28日発行)

特集:『MICE』都市を目指して

■国内・域内でのMICE動向
国際会議開催で国内2位、福岡のMICE事情

■MICEの国際動向
MICEのグローバル動向と日本の国際的な「立ち位置」

■MICE誘致・開催の今後
MICEの誘致は福岡に来る必然性を創り出す取り組み

■MICEを支える九州の観光資源
新たなステップを迎えた、九州観光の動きと展望

九州経済連合会
会長
麻生　泰

巻頭インタビュー
MICE・観光による、海外からのヒト・カネの呼び込みにサービス品質の向上を図る

『フォーラム福岡』バックナンバー インタビュー記事紹介

所属および肩書きは掲載時点

『フォーラム福岡』Vol.55（2014年5月31日発行）

特集：人が生み出す『都市の成長』

■特区概要
『特区』指定で膨らむ人材集積への期待
■域内投資
対内投資でカネを呼び込み、ヒトやビジネスの集積を図る
■今後の展開
ヒトやビジネス、カネを呼び込み、福岡の持続的な発展へ

福岡市長
髙島宗一郎

巻頭インタビュー
国家戦略特区で福岡を「夢がかなえられる舞台」に

『フォーラム福岡』Vol.56（2014年7月31日発行）

特集：世界に通用する『福岡空港』へ

■検証
世界に飛び立つ福岡空港の利便性を検証する
■世界的動向
世界的に評価される空港の要点とは何か
■現況＆今後
福岡空港を巡る動きと現在の取り組み
■まとめ
コンパクトで使い勝手が良く、世界へ開かれた空港へ

交通ジャーナリスト
作家
谷川一巳

巻頭インタビュー
福岡空港を基点とした域内の交通ネットワーク構築を

『フォーラム福岡』Vol.57（2014年9月30日発行）

特集：革の〝芽〟をつかめ！

■座談会
社会を変える新たな発想や動きは、都市の周縁部から生まれる
■デザイン系・ソフトイノベーション
今秋、福岡で始動するイノベーションの新たな動き
■テクニカル系・ハードイノベーション
福岡/九州の新たな産業集積・拠点形成で期待される新たな〝芽〟
■まとめ
イノベーション都市の成否は人材のプロデュース力

九州大学大学院
教授
佐々木一成

巻頭インタビュー
水素の研究・開発を地域と共に取り組み、社会を変えていく

『フォーラム福岡』バックナンバー インタビュー記事紹介

所属および肩書きは掲載時点

『フォーラム福岡』Vol.58(2014年11月30日発行)

特集:福岡都心の機能と役割

■世界の都市ランキング
意外!? ロンドンと類似形である福岡の都市実力とは

■福岡都心での都市再生
動き出した、福岡都心における都市再生への潮流

■福岡県内/九州域内の都市再生と交通アクセス
福岡都市圏・九州経済圏・海外市場からみた福岡都心のあり方

■まとめ
都市のイメージを大事に、官民で「まちをつくる」

明治大学専門職大学院
院長
市川宏雄

巻頭インタビュー
MICEを核にした都心再生で、福岡は世界の主要都市と渡り合う

『フォーラム福岡』Vol.59(2015年01月31日発行)

特集:福岡の近未来

■都心再生/まちづくり
スタートを切った福岡都心における都市再生への動向

■MICE
ヒト・モノ・カネ・ビジネス・情報を呼び込む
MICEで地域活性化を図る

■文化/創造
文化・芸術の創造性を生かしたまちづくりが
クリエイティブ産業を生み、イノベーション都市へ導く

■交通インフラ
九州の窓口と交通ネットワーク

『フォーラム福岡』Vol.60(2015年03月31日発行)

特集:福岡を担うU40群像

■座談会
ヒトが生み出す福岡の魅力

■人物紹介
U40インタビュー

食・農	まちづくり
アート・文化	IT・デジタル
サイエンス	ビジネス
ヒトづくり	総合・その他

Special Report

アジアとともに成長する福岡

―「ヒト」の活力を取り込む―

福岡アジア都市研究所
研究員 中村由美

福岡市は中国、韓国、香港、台湾をはじめとするアジアとのモノの取引は盛んであったが、近年、ヒトの交流も活発になってきている。アジアの人材を惹きつけ、活かすことによる成長のチャンスが福岡に訪れている。

伸び続ける人口と将来の生産年齢人口の確保

福岡市の人口は、政令指定都市に認定された1972年以降、順調に推移し、現在150万人を超えている（図表1）。

15歳から29歳の若者の人口比率も19・2％と日本一高い数値を示しており、学生の比率も東京都、京都市、名古屋市に次いで福岡は全国で第4位であることからも（URC，Fukuoka Growth，57ページ）、街に活気に溢れていることが分かる。

ここで、生産年齢人口（15～64歳）に目を向けると、100万人前後で推移しており、人口全体の約3分の2の水準を維持している。しかしながら、2011年以降はわずかずつではあるが生産年齢人口数に減少の傾向が見

図表1 福岡市同規模都市の人口推移と将来推計人口

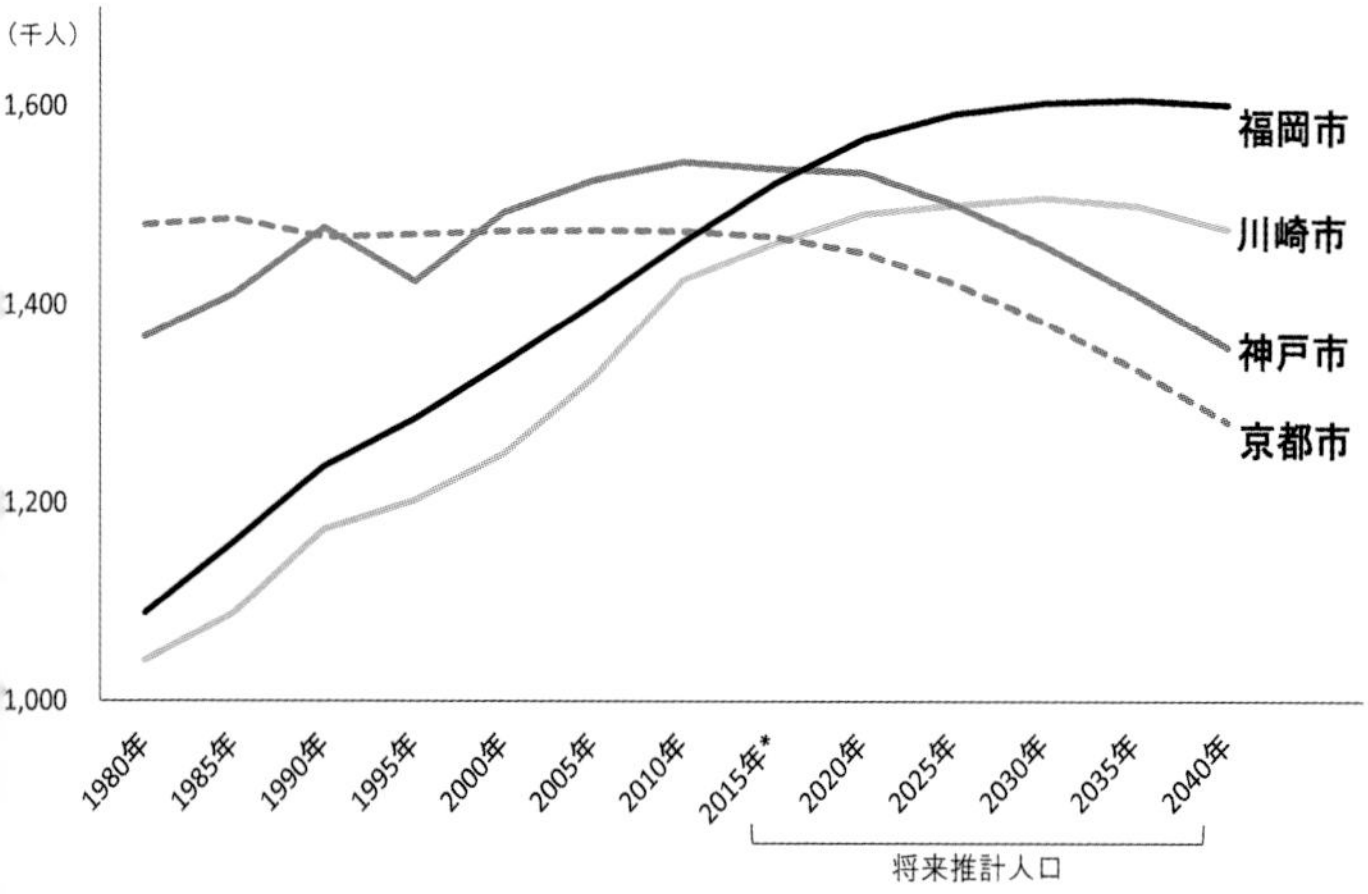

資料：国勢調査（～2010年実績値）

資料：国勢調査（～2010年実績値）

*2015年人口は各市及び国立社会保障・人口問題研究所発表1月現在推計人口、京都市実績値は現在の市域のもの、将来推計人口は、独自推計値を公表している福岡市、川崎市以外は国立社会保障・人口問題研究所推計値（京都市、神戸市、全国）

*福岡市は2012年推計、川崎市は2010年推計、国立社会保障・人口問題研究所は2013年推計

られ始めている（図表2）。今後も福岡市が経済や人の面で活気ある街であり続けるためにも、生産年齢人口の確保が重要な課題になっていくと考えられる。

もちろん、少子化対策による出生数の増加、女性の労働力率が高まることなどにより、働き手の数が増えていく可能性はある。

その一方で、福岡市の特性に照らし合わせながら将来的な生産年齢人口の確保について考えてみると、福岡市はグローバルな活力、とりわけアジアの力を取り込みながら経済そして街を活性化させている点にヒントがあると考えられる。次に見ていくように、福岡市とアジアの「モノ」・「ヒト」の結びつきは益々強くなっている。

そこで、本稿ではこれらの特徴に焦点を当てながら、福岡市における将来の生産年齢人口の確保への手立てについて考えてみたい。

貿易から見るアジアと福岡の「モノ」の流れ

まず、貿易の面から福岡市とアジアのつながりを整理する。

ここで、九州と世界の貿易を見てみると、貿易額は5兆

図表2 福岡市の年齢3区分別人口・世帯数の推移

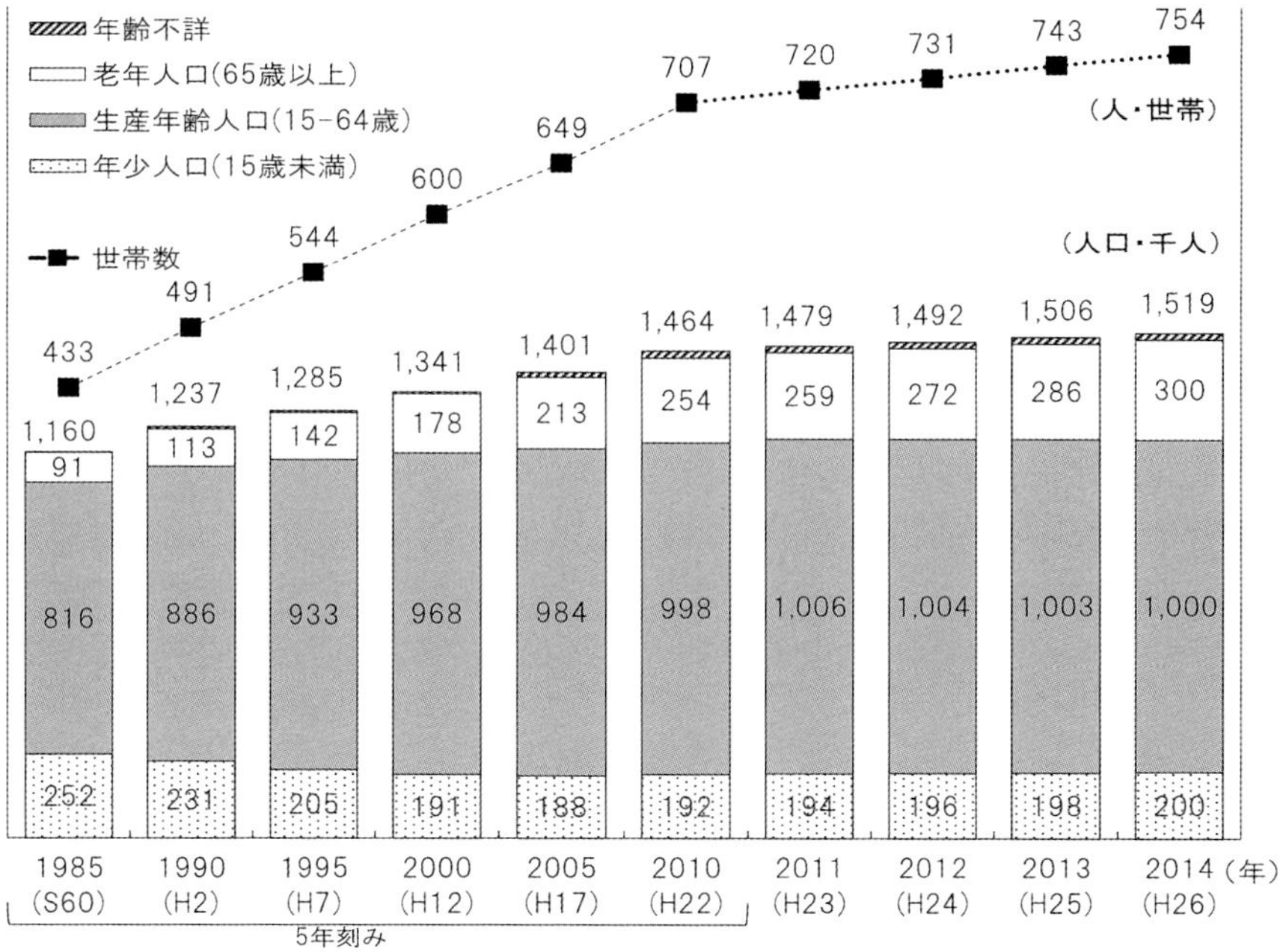

資料：国勢調査（1985～2010年）、福岡県人口移動調査による推計値（2011年～）

６２０３億円(２０１３年)であり、そのうちアジアとの貿易額は３兆３２７２億円で約59・２%を占めている(九州経済産業局(２０１４)、『九州経済国際化データ２０１４』参照)。九州にとってアジアが主要な貿易相手地域であることが分かる。とりわけ、福岡市はアジアと近接しているという地理上の優位性を活かし、アジアとの港湾物流拠点として重要な位置づけを担っている。

博多港は日本の拠点港として、国際海上コンテナ個数も九州1位を誇っている。博多港の外国貿易取扱コンテナ数は、名古屋港、横浜港、神戸港に比べて確実に伸びており、２０１３年では対１９９１年比５８１・３%の伸び率となった(各市港湾統計を元に、URC整理)。

１９９０年代以降、博多港を拠点として海外との取引は増加しているが、博多港輸出入相手国・地域別貿易額を見てみると、輸出入ともに中国が第1位の貿易相手国であり、韓国、ASEAN諸国、台湾、香港などのアジア諸国・地域が上位に入る(図表３)。具体的に、輸出では韓国は第2位、台湾は第4位、香港は第5位の相手国・地域である。

博多港からの上位輸出品目は、対中国で完成自動車や電気機械、科学光学機器、対韓国では電気機械、一般機械、プラスチックが挙げられ、付加価値の高い品目が輸出されている(図表４)。中国では、国内で生産していない車種や高級車への需要が依然として高く、対韓国ではスマートホン向け半導体電子部品等の電気機器が増加していることから(ジェトロ(２０１５)、『２０１４年の日中貿易』並びに九州経済産業局(２０１４)、『リサーチ九州～平成２５年の九州経済の動向～』参照)、今後も、中国や韓国へのこれらの品目の輸出拡大が見込まれる。その際、博多港の位置する福岡市は、九州、そして日本とアジアとの貿易を支える輸出拠点を有する都市として主要な役割を果たし続ける。

アジアから来福する「ヒト」の増加

次に、ヒトの移動に着目する。空路では、福岡空港は海外の17都市 (国際線18路線、国内線26路線)と航路を結び (２０１４年12月時点、福岡県空港計画課ホームページ 参 照)、国際線乗降客数は、２０００年代の２００万人台から伸び続け、２０１３年には３１１万８０００人となった(国土交通省、空港管理状況調書より、URC整理)。外国人の乗降客数に着目すると、韓国からの入国

図表3 博多港輸出入相手国・地域別貿易額(2013年)

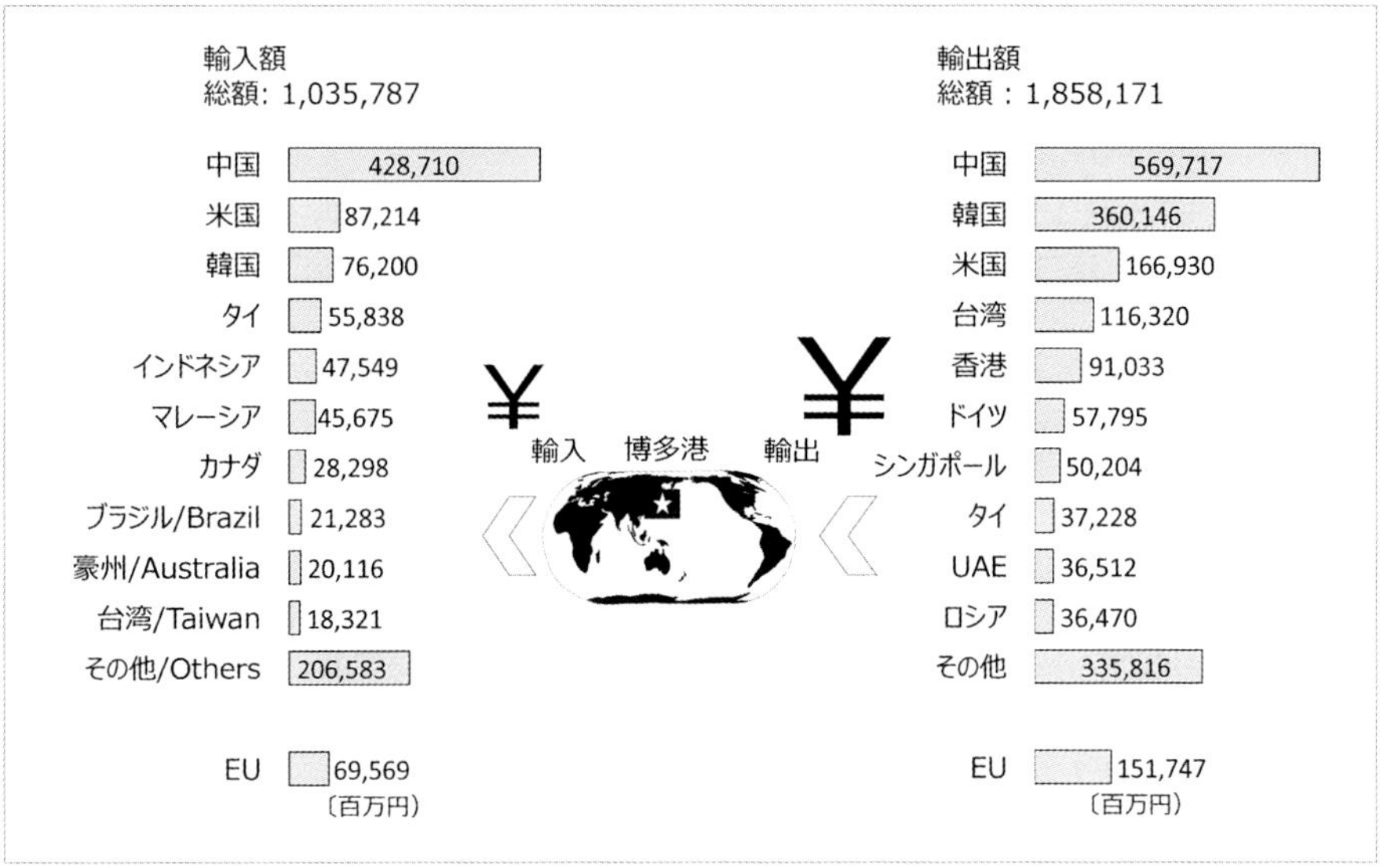

出所:平成25年度博多港湾統計年報

図表4 博多港から中国・韓国への輸出額上位品目(2013年)

(百万円/million YEN)

輸出/Export	中国/China		韓国/SouthKorea	
	完成自動車	262,297	電気機械	115,290
	電気機械	151,072	一般機械	87,107
	科学光学機器	40,748	プラスチック	49,518

出所:貿易統計(門司税関)

者数が最も多く、２０１３年の福岡空港の入国客数は、33万６６６２人、中国人訪日者も６万人前後の安定した水準を維持し６万３５６８人であった。近年注目すべきは、２０１２年に日本でＬＣＣが就航したことを機に、外国からの入国者が増えてきていることである。それは香港からの入国者数に顕著に表れており、ＬＣＣ就航前の２０１１年は１万５４１１人であったが、２０１２年には２万１５５５人、２０１３年には４万１８２２人となり、前年比で約２倍にまで増加した(図表５)。香港からの観光客増加に関しては、コラムを参照いただきたい。

図表5 福岡空港国籍別入国客数

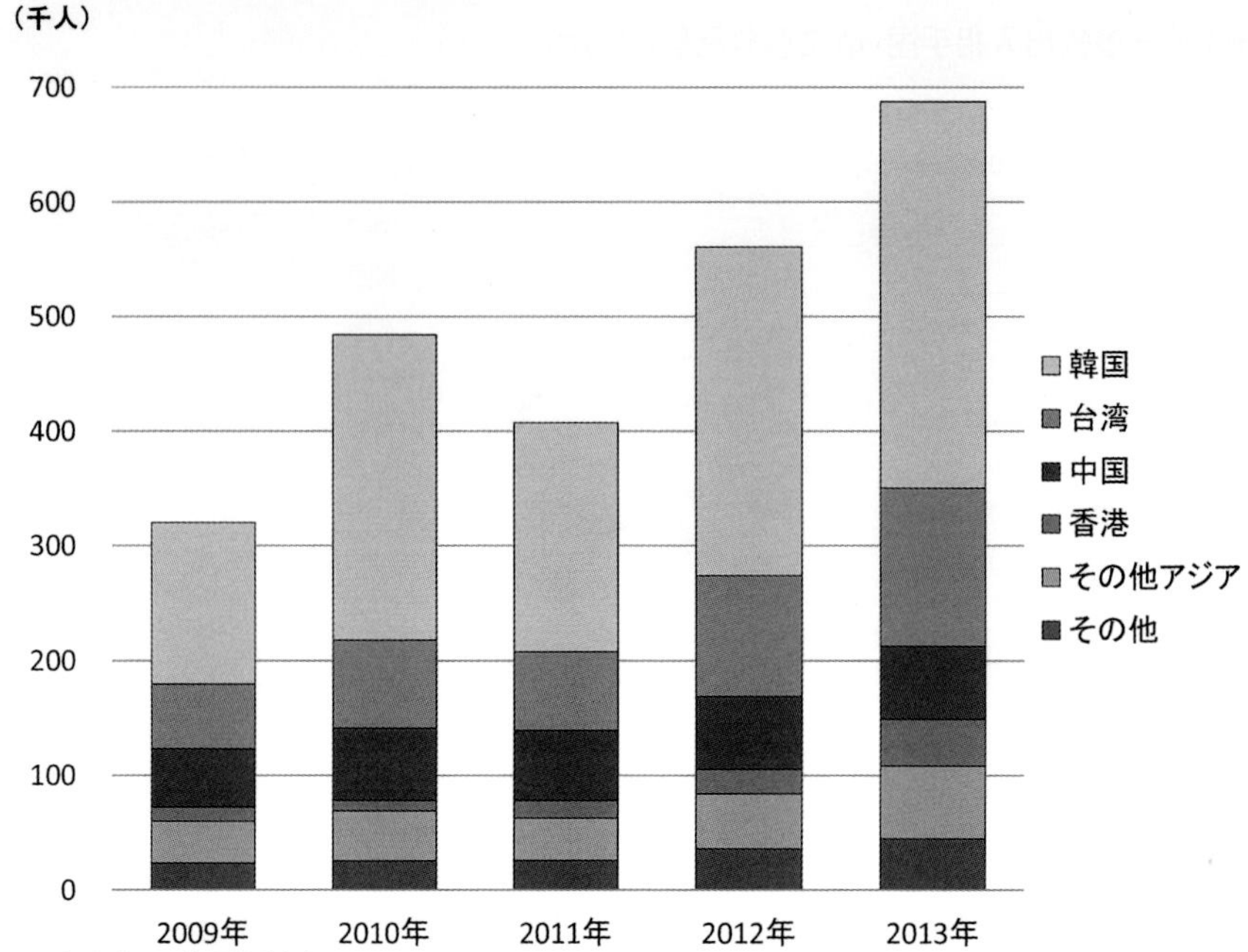

出所：出入国管理統計年報

さらに、海路では、近年クルーズ船乗降客数が伸びており、中国や韓国からの観光客の利用が増加している。九州運輸局によれば、「２０１３年には日中関係の悪化および韓国クルーズ船社の運航中止により、外国クルーズ船の寄港回数は減少したものの、２０１４年には回復した」(同局、平成27年度２月３日付ニュースリリース)。同局の２０１４年の速報値によると、クルーズ船乗降客数は42・２万人に達した。また、各社報道によれば、２月の春節時期にはクルーズ船が寄港し、多くの中国人観光客が来福した(２月14日以降、新聞各社が報道)。

日中関係については、確かに政治面での緊張関係が続いているものの、２０１４年11月に日中首脳会談および外相会談が実現したことから、両国の関係は少しずつ関係改善に向けて歩みが進んでいる。こうした国レベルでの関係改善化が進む中で、中国からの来福者が回復してきているものと考えられる。

福岡市には他のどの地域・国よりも「アジア」から多くの人が集まっており、グローバルなヒトの移動においても、アジアの窓口として機能している。言い換えれば、福岡市が今後も成長し続けるためには、アジアとの繋がりの強さを活かすことの他に、活路を見出す方法はない。

図表6 外国人人口の伸び率（4都市比較） ※2000年を100とした指数

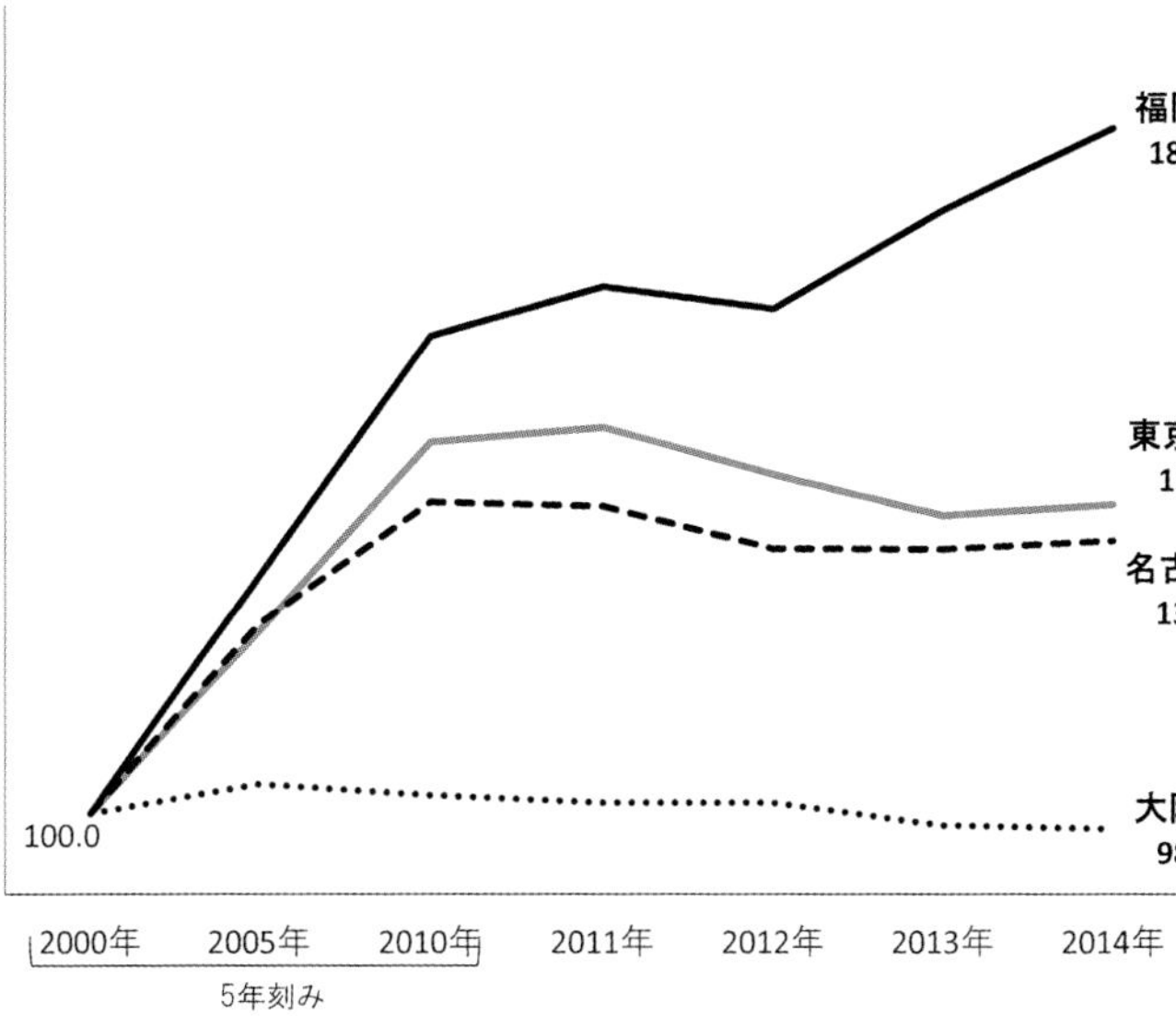

資料：各機関統計
*原則として外国人数
*2011年以前は「外国人登録台帳」、2012年以降は「住民基本台帳」による
*都市によって統計時点月次は異なる

東南アジア観光客に対するビザの緩和

また、政府は「訪日外国人２０００万人の高みを目指す観光立国推進、成長戦略、人的交流の促進を推進する」ことを掲げている。その一環として一部の国・地域からの観光客に対するビザが緩和されている。２０１１年９月には、中国人観光客向けのビザ発給条件も緩和され、滞在期間も従来の15日から30日に延長された。

２０１３年以降は東南アジア諸国へのビザも順次緩和されている。同年7月より順次、日・ＡＳＥＡＮ友好協力40周年を記念して、東南アジア諸国（インドネシア、フィリピン、ベトナム、マレーシア、タイ、カンボジア、ラオス）への短期滞在数次ビザの滞在期間が延長された。２０１４年９月からは、インドネシア、フィリピン、ベトナム３カ国向けの数次ビザの大幅緩和が開始し、有効期間が従来の３年から5年に延長された。

政府はこうした制度面の取り組みも進めており、今後、福岡市には中国、韓国、香港、台湾等からの観光客に加えて、東南アジアからの観光客も増えていく可能性が高い。

アジアと結びついた福岡市の未来

さらに、福岡市では観光客の増加にとどまらず、国際会議の開催件数が４年連続で全国第2位になるなど、学術やビジネスに係る外国人も多く来福している。

それに加えて、短期滞在のみならず、福岡市に住み、福岡市で働く海外の人材も増えてきている。福岡市の外国人人口は増加しており、伸び率は3都市（東京23区、名古屋市、大阪市）を上回っている（図表６）。外国人が多いことも背景として、日本語教育機関も相対的に多い（図表７）。

これまで述べたように、福岡市は、特にアジアとのモノ・ヒトの結びつきを強めており、近年、日本がアジア各国と経済連携交渉を進めている中で、その結びつきは益々強くなる（資料１参照）。「アジアとともに成長していく福岡」という視点から、将来的には、生産年齢人口の確保の一つの手立てとして、アジアの人材は欠かすことができない。

福岡市は、「グローバル創業・雇用創出特区」として、グローバル人材の育成やＭＩＣＥの誘致などの取組をすでに進めている。さらに、２０１５年に「天神ビッグバン」プロジェクトが始動し、天神の新しいまちづくりを進めていくこととしている。「航空法による建物高さ規制のエリア内

図表7 日本語教育機関上位大都市

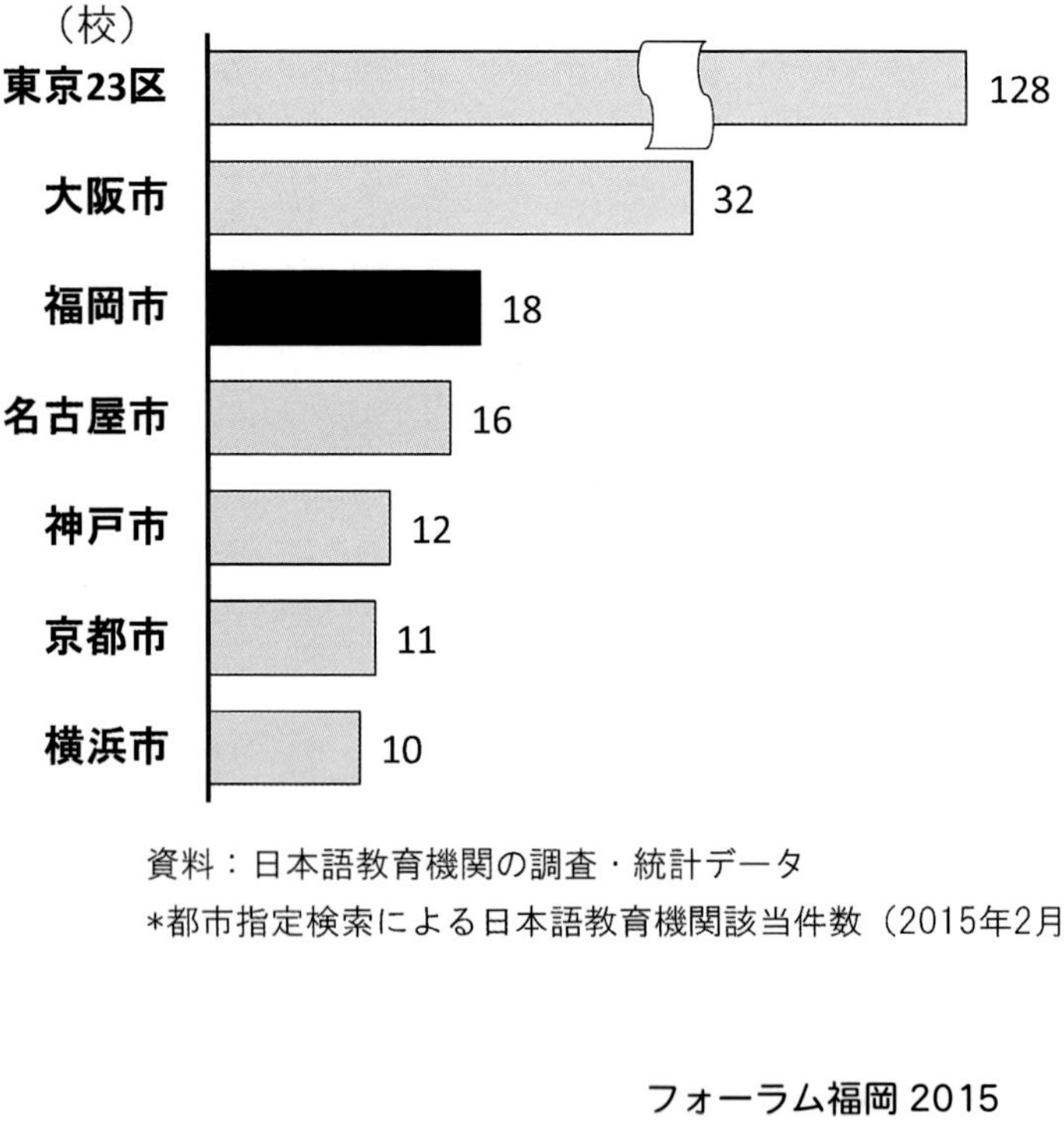

資料：日本語教育機関の調査・統計データ

*都市指定検索による日本語教育機関該当件数（2015年2月閲覧）

での緩和」に伴い、「容積率の大幅な緩和」による都市の高度利用が可能となった。天神地区では今後10年で31万３０００㎡の増床、それに伴う5万７２００人の従業者の増加を見込んでいる（資料2参照）。しかしながら、福岡市の生産年齢人口の減少が始まりつつあるいま、国内のみならず、国外からも人材を魅了しなければ、本当の意味での「ビッグバン」は起こり得ない。このプロジェクトで、海外、特にアジアからの企業誘致も進むことが期待される中で、外国人がより一層働きやすい環境を整え、アジアをターゲットとして高度な知識専門性を持った人材を呼び込むこのチャンスを逃してはならない。

「アジアのリーダー都市」を目指している福岡市は、今後一層アジアとの結びつきを深め、人材のダイバーシティを実現することにより、国際色豊かで活気と魅力にあふれた街となり、生活の質が高く、国際競争力の高い魅力のある都市に育っていかなければならない。

資料1　福岡市とアジアの結びつきをより強める経済連携の取組

日本は2002年からEPA（経済連携協定）/FTA（自由貿易協定）という経済連携協定を締結しており、特に2013年には、TPP（環太平洋パートナーシップ）協定の正式な交渉参加国となるとともに、RCEP（東アジア地域包括的経済連携）や日中韓FTA の交渉を開始するなど、地域大の協力枠組みに取り組んでいる。

経済連携交渉は、「日本再興戦略」にも位置づけられている。

RCEPや日中韓FTAの実現は、これまで福岡市が築いてきたアジア諸国との結びつきをより強める可能性がある。また、企業の活動や人の移動という点に目を向ければ、例えば、TPPで議論されている投資分野や、商用関係者（一時的入国）の移動の分野等のビジネスに係る制度や環境が整備されることで、様々な国や地域の企業の福岡市への進出や、福岡市の地場企業の海外進出が促されるであろう。

人の移動に係る取り決めが作られ実施されていくことで、今後福岡への海外人材の流入が促進されることが期待される。

資料2　天神ビッグバンの概要と経済効果

福岡市の天神地区（天神交差点から半径約500m, 約80ha）においては、アベノミクス第3の矢「グローバル創業・雇用創出特区」によって「航空法の高さ制限の特例承認」を獲得したこの機を逃すことなく、これに合わせてまちづくりを促す「容積率の緩和」を福岡市の独自施策として実施し、都市機能の大幅な向上と増床を図っていくこととしている。

さらに、雇用創出に対する立地交付金制度の活用や創業支援、本社機能誘致など、ハード・ソフト両面からの施策を組み合わせることで、アジアの拠点都市としての役割、機能を高め、新たな空間と雇用を創出するプロジェクト『天神ビッグバン』を 推進する。

この取組みにより、今後10年間で30棟の民間ビルの建替えを誘導し、次の波及効果が見込まれている（URC算出）。

●延床面積： 約1.7倍 444,000㎡ → 757,000㎡ （＋313,000㎡）
●雇用者数: 約2.4倍 39,900人 → 97,100人 （＋ 57,200人）
●10年間の建設投資効果 : 約2,900億円
●建替え完了後の経済活動波及効果（純増）: 毎年 約8,500億円

（福岡市　平成27年2月24日付ニュースリリース参照）

[図表2] HK Express日本路線就航都市(一日の往復便数)

福岡に滞在して困ったことを尋ねたところ、「言葉が通じない」、「標識が分かりづらい」などの筆者の予想に反し、「営業時間が短過ぎる」ことであった。福岡の街なかには興味をそそられるお店がたくさんあるが、一般的な小売店は夕方6時には閉まり、百貨店や商業施設のショッピングエリアも8時か9時には閉まっていたため、夕食後にさらに買い物を楽しもうとしても店に入ることができず困ったそうだ。一方、不夜城と呼ばれる香港では、商店は通常夜10時や11時頃まで開いており、24時間営業の店も多い。地下鉄の終電は午前0時台だが、バスやミニバスは本数を減らして24時間通常路線を運行しているため、時間を気にすることなく夜遅くまでバラエティに富んだ買い物や飲食を堪能できる。

二組目は、アニメを通じて日本に興味を持ち始め、一人で初訪日した20代女性。一週間、主に太宰府市と福岡市の寺社仏閣や公園を巡った。滞在中に困ったことは、度々道に迷ったことと食事処でメニューを理解できなかったことであるが、それらの一番の原因は彼女自身の日本語力の低さであり、次にWi-Fiサービスを購入しなかったことだと、彼女は捉えている。しかし、どちらの困難も地元の人たちの親切さに助けられたと言う。

「Fukuoka」を身近なデスティネーションへ

今回ヒアリングを行った一組目のうちの男性は、日本の舞台芸術を学ぶため近い将来留学を検討しているそうだ。二組目の女性は、次回は友人を伴って日本各地を回りたいし、また福岡にも来たいと話す。デジタルネイティブ世代ではFacebookやブログが情報源の主流となっている。「Fukuoka」を身近な観光地として浸透させ、さらに居住や労働といったステージへと進化させるためには、若い個人旅行客を今後どのように魅了するかが鍵となる。若者にとっては、LCCの役割は特に重要である。2010年5月、「関西国際空港をLCCの拠点空港として整備する」という方針が国土交通省の成長戦略会議で発表され、関西国際空港はLCC専用ターミナルの整備やLCC特集サイトの開設など、積極的にLCCの誘致に取り組んだ。その成果として、2014年度の国際線の外国人旅客数は大幅に増加し、国内の主要空港で初めて日本人旅客数を上回る見通しとなった。福岡空港も、ロケーションや飛行時間の短さからなる地理的優位性をLCC利用者にアピールすることが必要である。さらに、旅客数の増加にともない、福岡空港の滑走路の増設や、北部九州3空港の連携による福岡地域の国際線旅客受入れキャパシティの拡大が急がれる。

コラム：香港人の来福客増加を担うLCC

（公財）福岡アジア都市研究所 研究スタッフ　山田美里

LCC就航で増える香港からの個人旅行客

日本LCC元年と言われた2012年から3年が経ち、福岡空港発着の直行便を毎日運航するLCC（格安航空会社）は現在6社となった（図表1）。オーストラリアの航空専門シンクタンクCAPA（Center for Aviation)によると、2015年3月における香港～福岡間を飛ぶ飛行機の座席の42％をLCCが占めている。これは、大阪の30％、東京・名古屋の20％をはるかに上回る。昨年の香港人の訪日旅客数は92.59万人（日本政府観光局(JNTO))と過去最高を記録したが、LCCの果たした役割は大きい。

観光庁「訪日外国人消費動向調査（2013年版）」から分かる香港人の都道府県別訪問率ランキングでは、東京都、大阪府、京都府、沖縄県、北海道につづいて、福岡県は第6位であった。2013年10月～12月の同調査では香港人の団体旅行客の割合は25.5％であったが、2014年の同時期には17.3％と大きく減った。旅費を抑えてショッピングや観光に予算を回したい若者主体の個人客のLCC利用が増えたことが影響していると考えられる。香港のLCCである香港エクスプレス航空（HK Express）が日本に運航している往復直行便の就航都市（図表2）は、東京、名古屋、大阪、福岡であるが、このなかでは福岡への所要時間が最も短い。気軽に手軽に日本旅行を楽しみたいと考える香港人をさらに取り込むことは、十分に可能である。

20代の香港人観光客にみる福岡への示唆

では、LCCを利用して福岡に個人旅行でやってくる香港の若者は、福岡のことをどう思うのか。ここ数か月の間に香港エクスプレス航空の香港／福岡線を利用して来日した二組の香港人らにヒアリングを行った。

一組目は、文化活動の仲間同士である20代の男女。到着後福岡を拠点に、阿蘇山（熊本県）、別府温泉（大分県）、ハウステンボス（長崎県）をそれぞれ日帰りで観光したあと、福岡でのショッピングを丸一日楽しんだ。洋服や靴はもちろん、香港では2、3倍以上の価格でしか手に入れることのできないミシンまでをも詰め込んだスーツケースは、往路は空っぽであったと言う。そんな彼らに、

［図表1］LCCデイリー直行便就航路線

路線	LCC(格安航空会社)
福岡ーソウル・仁川（韓国）	ジンエアー(Jin Air)
	ティーウェイ航空（T'way Airlines）
	チェジュ航空 (Jeju Air)
福岡ープサン（韓国）	エアプサン株式会社（Air Busan）
福岡ー香港	香港エクスプレス航空（HK Express）
福岡ーバンコク（タイ）	ジェットスター航空（Jetstar Airways）
福岡ーシンガポール（※バンコク経由）	

号数	特集タイトル	発行年月	地域開発 都市開発	産業振興 経済活性化	交通観光 スポーツ	制度改革 地域振興
Vol.01	福岡「2005年」※	2004年09月発行	●		●	
Vol.02	[創造都市・フクオカ]に向けて※	2004年11月発行	●			
別冊	三都航路クルーズ記念号※	2005年01月発行			●	
Vol.03	福岡の「都市資産」を考える※	2005年02月発行	●			
Vol.04	アジアにつながる※	2005年03月発行		●	●	
Vol.05	観光立圏 九州の戦略	2005年05月発行			●	
Vol.06	環境にやさしいまちづくり	2005年08月発行	●			
Vol.07	九大学研都市の挑戦	2005年09月発行	●			●
Vol.08	新・福岡都心構想が描く近未来	2005年12月発行	●	●		
Vol.09	オリンピック招致への挑戦	2006年02月発行			●	
Vol.10	オリンピックを福岡・九州へ	2006年05月発行			●	
Vol.11	福岡空港が果たす役割	2006年07月発行	●	●	●	●
Vol.12	「道州制」への挑戦	2006年09月発行				●
Vol.13	カーアイランド九州の“いま”と“未来”	2007年03月発行		●		
Vol.14	まちづくりの可能性	2007年05月発行	●			●
Vol.15	スポーツ都市・ふくおか	2007年07月発行		~~●~~	~~●~~	~~●~~
Vol.16	いま、「環境」を考える	2007年09月発行		~~●~~		~~●~~
Vol.17	どうする!?“明日”の福岡空港	2007年11月発行	●	●	●	●
Vol.18	博多駅から始まる、『2011年の福岡』	2008年01月発行	●		●	
Vol.19	九州新幹線開業で変わる、福岡/九州の近未来	2008年03月発行	●		●	
Vol.20	私たちの『地方財政』入門	2008年05月発行				●
Vol.21	ヒトづくりで拓く、福岡/九州の近未来	2008年07月発行		●		●
Vol.22	博多港が舵取りする九州の未来航路	2008年09月発行	●	●	●	●
Vol.23	九州の未来を担う福岡空港	2008年11月発行	~~●~~	~~●~~	~~●~~	~~●~~
Vol.24	これからの九州の《戦略》と《カタチ》	2009年01月発行		●		●
Vol.25	アジアとの一体的な発展を目指して	2009年05月発行		●	●	
Vol.26	臨海都市としてのまちづくり戦略	2009年07月発行	●		●	●
Vol.27	地域医療の存続に向けて	2009年09月発行		●		●
Vol.28	ヒトが育む『九州力』	2009年11月発行		●		●
Vol.29	Fukuoka/Kyushu 未来デザイン	2010年01月発行		●		●
Vol.30	文化が創造する都市の魅力	2010年03月発行		●		●
Vol.31	アジア新時代における、福岡／九州の針路	2010年05月発行		●		●
Vol.32	福岡がめざす『知識経済地域』	2010年07月発行		●		●
Vol.33	広域交流時代の福岡／九州の観光戦略	2010年09月発行		●	●	●
Vol.34	ヘルシー・アイランド九州を目指して	2010年11月発行		●	●	●
Vol.35	創造性で拓く次世代産業	2011年01月発行		●		●
Vol.36	福岡/九州の確かな未来	2011年03月発行		●	●	●
Vol.37	3・11で考える 福岡/九州の未来	2011年05月発行		●		●
Vol.38	『現場』からみた九州	2011年07月発行		●		●
Vol.39	《触媒》都市・福岡	2011年09月発行	●	●		●
Vol.40	アジアにつながる九州力	2011年11月発行		●	●	●
Vol.41	九州のブランド力	2012年01月発行		●	●	
Vol.42	九州のカタチ	2012年03月発行		●		●
Vol.43	九州がつながる	2012年05月発行		●	●	●
Vol.44	アジアがみつめる「福岡モデル」	2012年07月発行		●		●
Vol.45	おもてなしが世界の心をつかむ	2012年09月発行		●	●	●
Vol.46	中枢機能を担う福岡	2012年11月発行	●	●		●
Vol.47	ヒトから始まる九州のイノベーション	2013年01月発行		●		●
Vol.48	まちづくりのイノベーション	2013年03月発行	●	●		●
Vol.49	イノベーションを起こす！	2013年05月発行		●		●
Vol.50	地域力を高める〝都市生態系〟づくり	2013年07月発行	●	●	●	
Vol.51	始まりは九州から	2013年09月発行		●		●
Vol.52	「生活」の中で考えるイノベーション	2013年11月発行		●		●
Vol.53	世界はピンホールから変わる	2014年01月発行		●	●	●
Vol.54	『MICE』都市を目指して	2014年03月発行		●		●
Vol.55	人が生み出す『都市の成長』	2014年05月発行		●		●
Vol.56	世界に通用する『福岡空港』へ	2014年07月発行		●	●	●
Vol.57	変革の〝芽〟をつかめ！	2014年09月発行		●		●
Vol.58	福岡都心の機能と役割	2014年11月発行	●	●	●	
Vol.59	福岡の近未来	2015年01月発行	●	●	●	●
備考）※Vol.01~Vol.04および別冊は定価310円、Vol.05~は、定価205円です。 Vol.59~は、定価1000円です。送料は実費請求です			19冊セットで **5005**円+送料実費	42冊セットで **9510**円+送料実費	25冊セットで **6235**円+送料実費	40冊セットで **8995**円+送料実費

『フォーラム福岡』バックナンバーは、FAX、インターネット、郵便でご注文いただけます

福岡／九州の未来をデザインする
パブリック・アクセス誌『フォーラム福岡』は、
≪フォーラム福岡専用サイト(http://www.forum-fukuoka.com)**≫での受付画面**
【検索キーワード「フォーラム福岡、購読」】からの申し込みの他、
下記のファックス申し込みによる送信(FAX092-731-7772)**や**
お電話でのお問い合わせ(TEL092-731-7770)**などでも対応しております。**

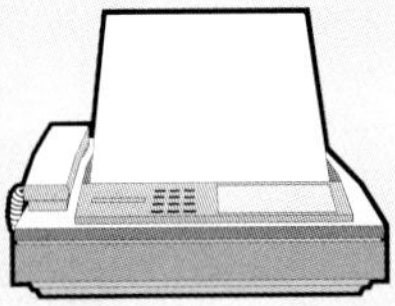

お問い合わせ先&ご注文先　**フォーラム福岡事務局**(株式会社プロジェクト福岡内)**TEL092-731-7770**　フォーラム福岡 購読　検索

FAXでの注文方法　FAX 092-731-7772

注文票にご記入の上、上記まで送信下さい

テーマ別セレクト注文票

注文欄（前頁を参照して選択下さい）　□A、□B、□C、□D、□E

お名前）　　　　　　　　連絡先）TEL　　（　　）

送り先）〒　　－

※本状をコピーしてお使い下さい！

郵便での注文方法

左記の注文票を郵送され時は下記宛にご投函下さ

〒810-0001
福岡市中央区天神4-1-17
プロジェクト福岡内
フォーラム福岡編集事務局

REPORT ソニックス株式会社

超低消費電力技術で事業化を目指し、地元企業の参画を呼びかける！

普及が続く携帯端末に使われるIC（集積回路）には、小型化、低消費電力が求められている。世界一の超低電圧動作ができる増幅器や電圧／電流源を開発したソニックス株式会社（本社・東京、森栄二社長）は超低消費電力回路の事業化を目指し、日本企業とりわけ九州の企業に事業参画を呼び掛けている。

　今後、ますます増加が見込まれるスマートフォンやウェアラブルデバイス、無線センサーネットワーク端末などには、小型化と長時間作動が求められている。その実現には、回路の低電圧／低消費電力化が重要で、同時に微小な信号を精度よく扱うための低雑音化も求められる。

極低電圧で回路を動かす特許を申請中

　小型化とともに問題となるのはICからの発熱で、発熱が大きいと大きな放熱板（パッケージ）が必要となる。低消費電力化によって、電池の利用時間が伸び、バッテリーも小型化できる。同時に、回路からの放熱が減って回路の集積度も上がり、小型化につながる。

　ICでの消費電力を減らすには、①デバイスのリーク（漏洩）電流を減らす②回路を低電圧で動作させる――という2つの方法がある。デバイスのリーク電流を減らすには絶縁

消費電力を減らす方法

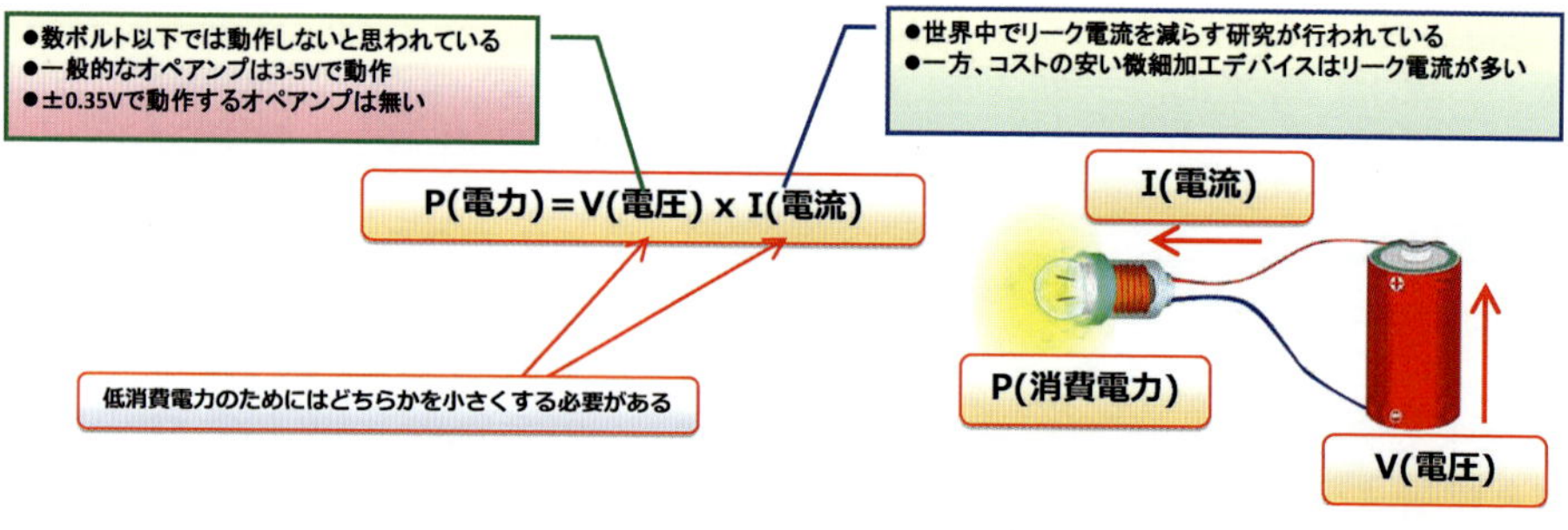
●数ボルト以下では動作しないと思われている
●一般的なオペアンプは3-5Vで動作
●±0.35Vで動作するオペアンプは無い
●世界中でリーク電流を減らす研究が行われている
●一方、コストの安い微細加工デバイスはリーク電流が多い
P(電力)＝V(電圧) x I(電流)
低消費電力のためにはどちらかを小さくする必要がある
I(電流)
P(消費電力)
V(電圧)

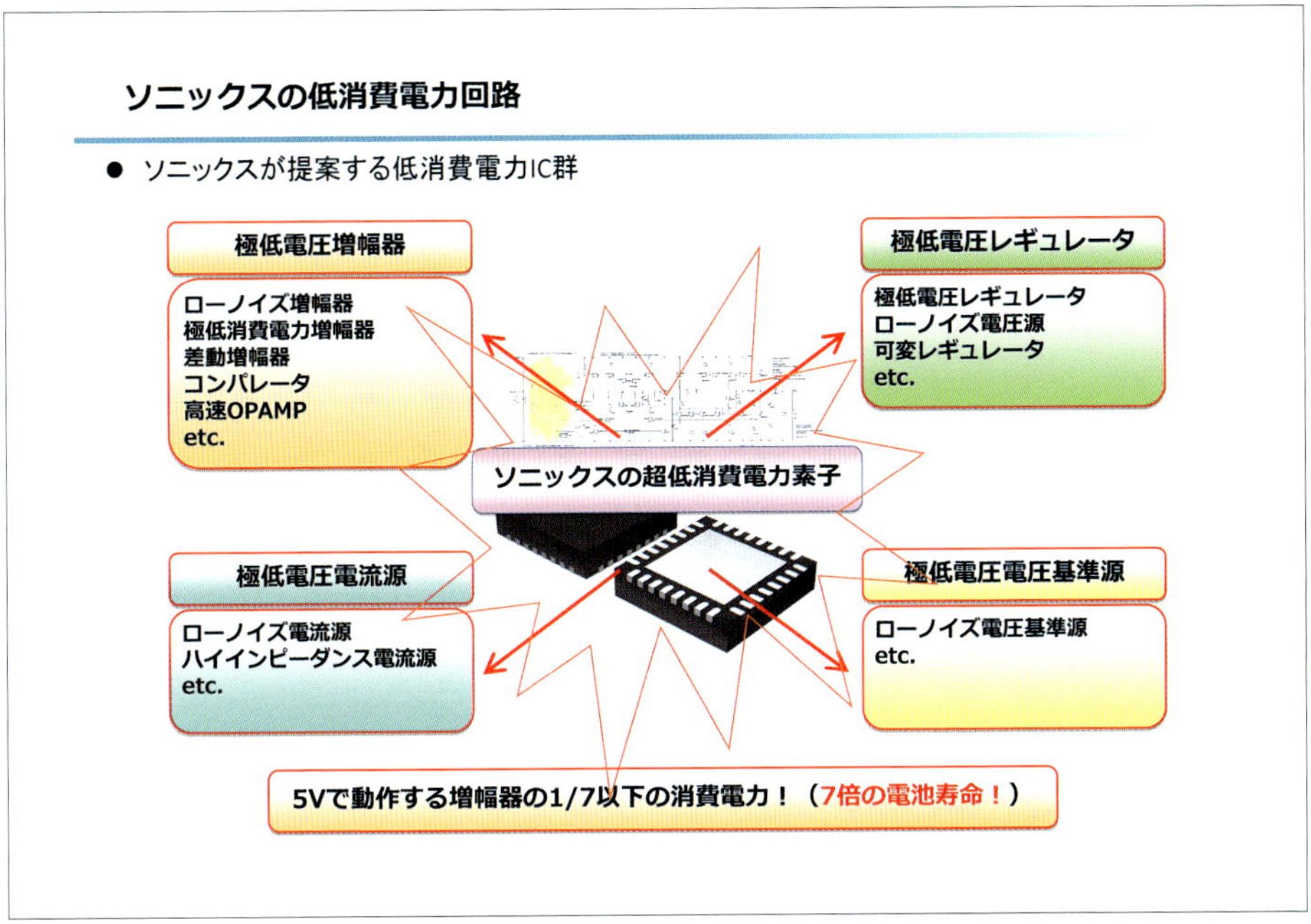

層を厚くする必要があり、ICのコストを増やし、速度も犠牲にしてしまう。

ソニックスは低電圧で回路を動かすソニックス方式を開発した。シリコントランジスタを動かすには0・65V以上の電圧が必要で、±0・35Vなどという極低電圧で回路を動作させることは困難だと言われていたのをソニックスが実現した。この低電圧で回路を動かす複数の特許を既に申請している。

世界トップクラスの極低電圧動作と超低雑音性能

ソニックスはブレッドボード（電子回路の試作・実験用の基板）による試作機を開発、性能を実証した。米国の大手半導体メーカーの低電圧増幅器（アンプリファイアー）は1・8V以上での動作が一般的で、最低のものでも1・0V必要だが、同社は試作機で0・65vという米国メーカーがなしえなかった極低電圧で動作可能なオペアンプの開発に成功した。

一般的に動作電圧が半分になれば、素子の消費電力は半分になり、同じバッテリーを使うと2倍長持ちする。消費電力を減らすことで、機器の長時間駆動が可能となったり、バッテリーの小型化や、放熱板、冷却ファンなどの放熱に関する機器も不要にできる。

一方、センサーネットワークやロボット市場では、センサーからの信号を正確に増幅することが重要である。ＧＰＳ（全地球測位システム）でも感度が悪い、ノイズの大きい製品では位置情報が正確に捉えられないのと同じで、生体信号などを利用して機器を動かす用途などには、低雑音増幅器の需要が高まっている。ソニックスは同じく試作機で、先行している米国の大手半導体メーカーの約10分の1にあたる0・13ｎＶ／ｓｑｒｔ（Ｈｚ）という超低雑音性能を達成した。この性能は今年1月時点で、世界トップクラスである。

センサーネットワークシステムやロボット機器、ウェアラブルデバイスなど今後急成長が見込まれる分野の多くに、数多くのセンサーが使われる。その一つひとつに低消費電力の低雑音増幅器が利用される。低雑音増幅器の用途は素粒子研究や医療、宇宙探査など技術の最先端分野でも利用されている。また、成長著しいワイヤレス市場でも欠かせないデバイスである。

ソニックスがこれら次世代の市場に提案するユニークなＩＣ群は、極低電圧増幅器・電流源・レギュレータ・電圧基準源等である。低消費電力デバイスの市場は、スマートフォンやウェアラブルデバイスのほかに、追跡機器、補聴器、小型医療機器、対内医療機器、飛行機器などにも広がる。

低電圧動作を実現する
ソニックス方式の特徴

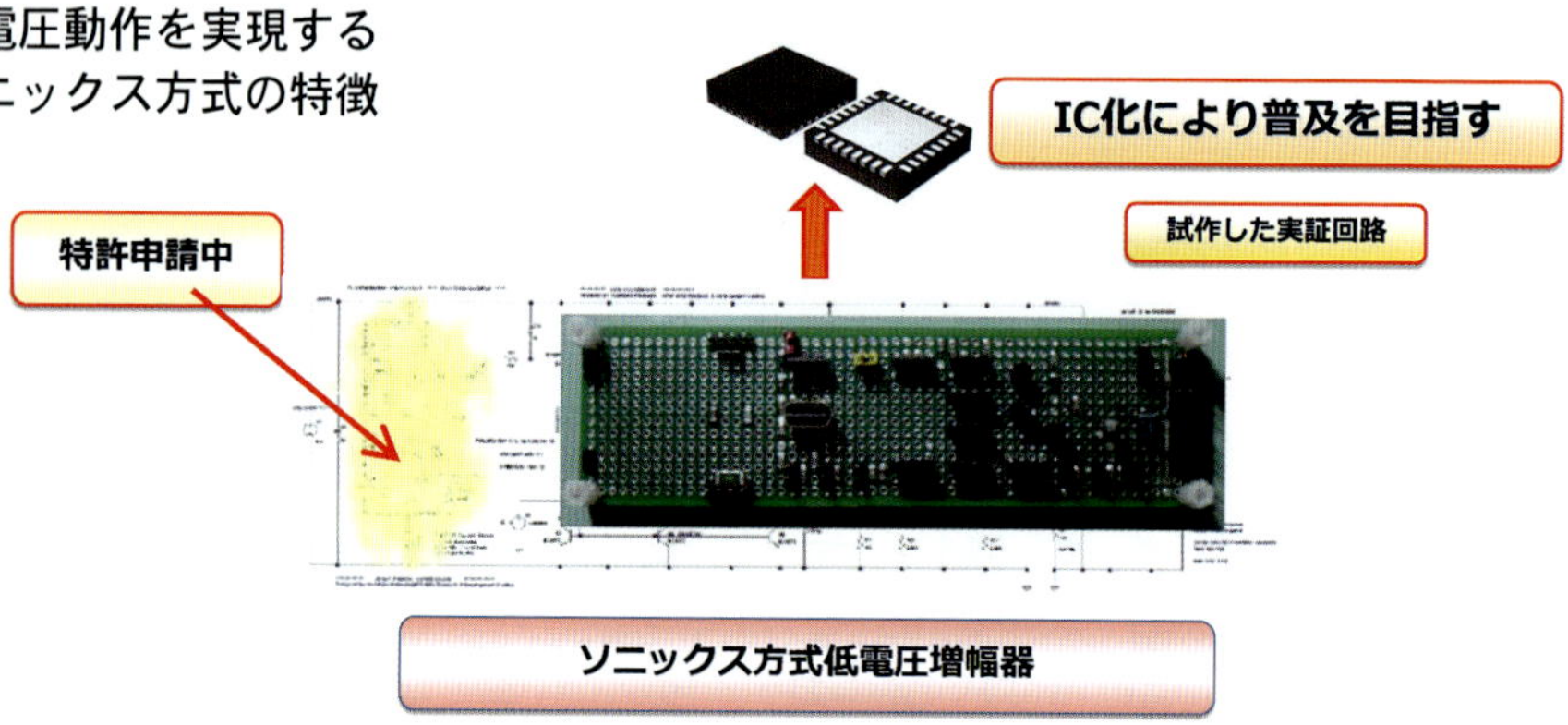

製品の競争力を持つコア技術を九州発に

ソニックスは極低電圧動作を技術的にクリアしたことで、ＩＣを製作し事業化に乗り出す構えだが、日本では大

手電機メーカーや家電メーカーの多くが半導体事業から撤退している。

同社の森栄二社長は「現在ＩＣメーカーの多くは海外にあるが、このコア技術を国内に持つことでこの技術を利用した製品の競争力が生まれるので、日本発、できれば九州発としたい」と事業化のパートナーを探している。九州には３次元ＬＳＩセンターを含め、面白い基礎技術と設備が揃っており、半導体の関連メーカーも多いこともあるが、何よりも森社長自身が、九州出身であり、地元に貢献したいという想いが強い。

事業化の一例を挙げると、人間の神経細胞から出る神経信号を増幅する極低電圧の低雑音増幅器である。義手の人が自分の手のように自在に操作し、自分の手であるかのように触圧覚、温度等の感覚を感じるためには、運動神経の情報を適切に計測して義手の制御に利用したり、義手に装着したセンサー類からの情報を生体の感覚神経に適切に入力するなど、神経系との間で信号の入出力を行うことが不可欠だからだ。

国内外で研究が進められているが、森社長は日本の医療機関やロボットメーカー等と組んで開発にあたりたいと考えている。利用者が頭の中で考えるだけで動作させることのできる介護用の補助機器を開発することで、介護コストや医療費が減り、この分を成長分野への投資に振り向けられる。

産業構造を変革し、新たな雇用を生む好循環を

医療介護系に限らず、このコア技術でモノのインターネット（Ｉｎｔｅｒｎｅｔ　ｏｆ　Ｔｈｉｎｇｓ＝ＩｏＴ）市場への参入を計画している。

ＩｏＴは、コンピューター等の通信機器だけでなく、様々なモノに通信機能を持たせ、インターネットに接続したり、相互に通信することによって自動認識や自動制御、遠隔計測等を行うことで、あらゆるハードウエアの働き方をサービス化し新しい価値を生み出す。そのために最も重要なのが新しいハードウエア技術で、それに欠かせないのが新たなセンサーのイノベーションだと森社長は言う。 同社は独自の低雑音、低消費電力デバイスを利用して、世界で初めて、電波や雑音の多い街中の環境でも安定して使用できる腕時計型のウェアラブルな心電計を年内に製品化する予定だ。

画期的な技術によるセンサーが高度に正確に検知する情報を応用してさまざまなサービスを提供するＩｏＴ製品が市場の新しい主役となり、産業を創出する。日本の産業構造を変革し、新たな雇用を生む好循環を創出したいという夢を描いている。

森　栄二（もり・えいじ）

1964年佐賀市出身。1991年(株)アドバンテスト入社、電子計測器の開発に従事する。94年アドバンテストの社内ベンチャー制度で(株)キャンドックスの立ち上げに参加。高周波コンポーネント事業を設立、高周波機器の開発を主導した。98年同社を退職し、米国シリコンバレーに拠点を移す。1999年からウィルトロンカンパニー（現アンリツコーポレーション）にて、高周波コンポーネント開発を主導、その後高性能シグナルアナライザのシステム設計やコンポーネント設計に従事。また、独自方式のPIM試験機の開発を主導。12年米国テラダイン社のワイアレス部門(Lite Point)にて、スマホの検査に使われるワイアレステスタの開発に従事。13年米国アンリツにおいて、ハードウェアスタッフマネージャーとしてベクトルネットアナ等多数の測定器の開発を指揮した。14年10月、(株)SONIXを起業。

パブリック・アクセス誌

『フォーラム福岡』休刊のお知らせ

パブリック・アクセス誌『フォーラム福岡』は今年、創刊10年を迎えました。これを一区切りとして、前号の特集「福岡の近未来」と本号特集「福岡を担うU40群像」を特別号として発行し、休刊することになりました。これまで支えて頂きました行政、企業、大学、そして市民のみな様にこの場を借りて、厚く御礼申し上げます。

フォーラム福岡特別号
福岡を担うU40群像
取材・編集スタッフ
・神崎公一郎
・正木　寿郎
・近藤　益弘
・森　熊太郎
・宇野　秀史
・光本　宜史

福岡を担うU40群像

フォーラム福岡 特別号(Vol.60)

2015年3月31日　第1版発行

著作・編集	『フォーラム福岡』編集委員会 代表　原　正次(九州経済連合会 顧問) 委員　出口　敦(東京大学大学院新領域創成科学研究科 教授) 委員　坂口光一(九州大学大学院統合新領域学府 教授) 委員　田村　馨(福岡大学商学部 教授) 委員　後藤太一(リージョンワークス合同会社 代表社員) フォーラム福岡 http://www.forum-fukuoka.com/　E-mail:info@forum-fukuoka.com
発行元 (編集事務局)	株式会社プロジェクト福岡 福岡市中央区天神4-1-17　博多天神ビル2階　〒810-0001 TEL092-731-7770　FAX092-731-7772 http://www.project-f.jp/　E-mail:master@project-f.jp
発売元	図書出版　海鳥社 福岡市博多区奈良屋町13-4　〒812-0023 電話:092-272-0120　ファクス:092-272-0121 http://www.kaichosha-f.co.jp/
印刷所	福博綜合印刷株式会社

ISBN978-4-87415-936-1
定価1000円(本体926円＋税)

福岡トヨタから「ミライ」新登場!
ガソリン燃料車
ハイブリッド車
HV
1997年～
プラグインハイブリッド車
PHV
2012年～
燃料電池自動車
FCV
2015年～
2015年始動。
水素燃料電池自動車
MIRAI
MIRAI の性能
走行時
CO_2排出量
0
一回あたり
水素充填時間
約3分*1
一充填
走行距離
約650km*2
エコカー減税＋自動車グリーン税制(登録翌年度)＋CEV補助金＝最大2,252,900円優遇*3
Photo:MIRAI。4人乗り。ボディカラーはツートーン ピュアブルーメタリック2NV。車両本体価格7,236,000円。＊1.水素充填圧および外気温により、充填時間は異なります。＊2.(JC08モード走行パターンによるトヨタ測定値)。走行距離は使用環境(気象、渋滞等)や運転方法(急発進、エアコン使用等)に応じて大きく異なります。＊3.補助金内容等、詳しくはスタッフまでお尋ねください。※表示価格は全て消費税込み価格です。※車両購入時には別途リサイクル料金が必要となります。※車両本体価格は、パンク修理キット、タイヤ交換工具付きです。※価格には保険料、税金(消費税除く)・登録時に伴う諸費用は含まれておりません。
クラウン・プリウス・アクア・ランドクルーザーの
福岡トヨタ自動車株式会社
福岡トヨタ自動車株式会社 〒810-0004 福岡市中央区渡辺通4丁目8-28 毎週月曜定休(月曜日が祝日の場合は翌火曜日が定休日となります。)
お客様相談テレホン
フリーダイヤル
0120-419555
●お電話受付時間 ■火曜～土曜 9:00～18:00 ■祝日 9:30～18:00 ■日・月曜定休日
※月曜日が祝日の場合は火曜日が休みとなります。●お車のことなら、何でもご相談ください。